L'espace

DK

Un livre Dorling Kindersley
www.dk.com

Pour l'édition originale

Auteur Ian Graham
Édition Jayne Miller, Robert Dinwiddie
Responsable éditoriale Camilla Hallinan
Directrice éditoriale Sue Grabham
Conseiller Peter Bond

Cartographie Simon Mumford

Couverture Neal Cobourne

Pour l'édition française

Responsable éditorial Thomas Dartige
Suivi éditorial Éric Pierrat et Anne-Flore Durand

Réalisation Bruno Porlier Packaging editorial
Traduction Ronan Loaëc
Édition Bruno Porlier et Ronan Loaëc

Couverture Raymond Stoffel et Aubin Leray

 5757, RUE CYPIHOT
SAINT-LAURENT (QUÉBEC)
H4S 1R3

www.erpi.com/documentaire

Dépôt légal: 4ᵉ trimestre 2005
Bibliothèque nationale du Québec
Bibliothèque nationale du Canada

ISBN 2-7613-1845-5

K 18455

Imprimé en Chine
Édition vendue exclusivement au Canada

L'espace

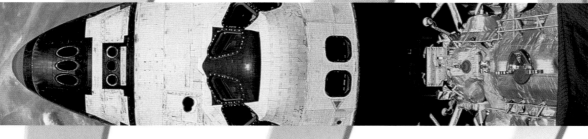

par Ian Graham

LES THÉMATIQUES DE
l'encyclopédi@

Google

SOMMAIRE

Une collection qui s'ouvre sur Internet

ERPI et Google™ ont créé un site Internet dédié au livre « Les thématiques de l'encyclopedi@ – L'espace ». Pour chaque sujet, vous trouverez dans le livre des informations claires, synthétiques et structurées mais aussi un mot clé à saisir dans le site. Une sélection de liens Internet vous sera alors proposée.

http://www.encyclopedia.erpi.com

 **Saisissez cette adresse...**

Adresse : http://www.encyclopedia.erpi.com

Choisissez un mot clé dans le livre...

Navette spatiale

 **Saisissez le mot clé...**

Navette spatiale

Vous ne pouvez utiliser que les mots clés du livre pour faire une recherche dans notre site.

Allez sur Internet l'esprit tranquille :

- Demandez toujours la permission à un adulte avant de vous connecter au réseau Internet.
- Ne donnez jamais d'informations sur vous.
- Ne donnez jamais rendez-vous à une personne rencontrée sur Internet.

- Si un site vous demande de vous inscrire avec votre nom et votre adresse e-mail, demandez d'abord la permission à un adulte.
- Ne répondez jamais aux messages d'un inconnu et parlez-en à un adulte.

Parents : ERPI met à jour régulièrement les liens sélectionnés ; leur contenu peut cependant changer. ERPI ne peut être tenu pour responsable que du contenu de son propre site. Nous recommandons que les enfants utilisent Internet en présence d'un adulte, ne fréquentent pas les forums de clavardage et utilisent un ordinateur équipé d'un filtre pour éviter les sites non recommandables.

4 Cliquez sur le lien choisi...

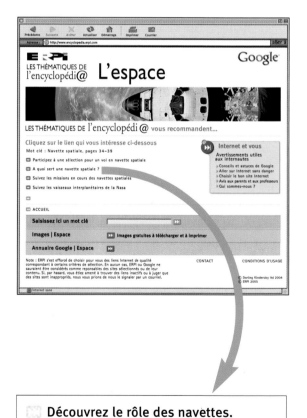

Découvrez le rôle des navettes.

Les liens incluent des animations 3D, des vidéos, des bandes sonores, des visites virtuelles, des quiz interactifs, des bases de données, des chronologies et des reportages en temps réel.

5 Téléchargez des images fantastiques...

Images | Espace

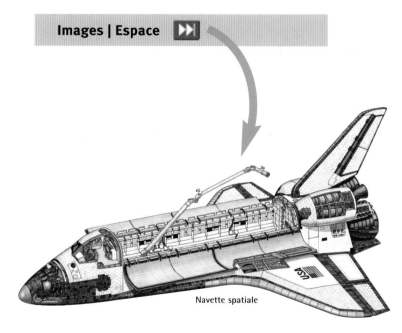

Navette spatiale

Ces images sont libres de droits mais elles sont réservées à un usage personnel et non commercial.

Reportez-vous au livre pour un nouveau mot clé.

L'EXPLORATION DE L'ESPACE

Les humains ont examiné le ciel pendant des millénaires en s'interrogeant sur la nature de ces milliers de points lumineux scintillant dans la nuit. Les progrès de la technologie nous permettent aujourd'hui d'observer et d'explorer beaucoup plus profondément l'univers.
Les modernes explorateurs de l'espace ne sont que la version contemporaine des navigateurs d'antan qui sillonnaient les océans à la recherche de nouvelles terres... En étudiant l'espace, les scientifiques tentent d'expliquer son origine, de comprendre ce qui s'y cache et de mieux connaître notre planète.

SATURNE VUE À TRAVERS UN PETIT TÉLESCOPE

Oculaire
L'observateur place ici son œil pour voir les images grossies.

Tube du télescope Les deux parties coulissent pour effectuer la mise au point.

Miroir principal
Il capture la lumière et la concentre dans l'oculaire grâce à un petit miroir secondaire.

Astronomie

LA VOIE LACTÉE ►

Notre Soleil n'est que l'une des quelque cent milliards d'étoiles qui forment notre galaxie, un disque aplati appelé Voie lactée. On peut observer cette dernière sous un ciel bien noir : la bande lumineuse qui traverse la voûte céleste est notre galaxie observée de l'intérieur, par la tranche. Elle est si étendue que, même si l'on pouvait voyager à la vitesse de la lumière (soit 300 000 km/s), on mettrait 100 000 ans pour la traverser !

◄ LE TÉLESCOPE DE NEWTON

En 1668, le scientifique anglais Isaac Newton inventa un nouveau type d'instrument d'observation : le télescope à miroir. On se servait jusque-là des lunettes grossissantes, mises au point par Lippershey et utilisées par Galilée en 1609. Constituées de lentilles concaves qui concentraient la lumière, elles étaient affectées par des aberrations optiques qui empêchaient d'obtenir une image très nette. Le dispositif à miroir de Newton, quant à lui, ne produisait pas les aberrations chromatiques qui décomposent la lumière comme un prisme. Les télescopes modernes font appel au même principe.

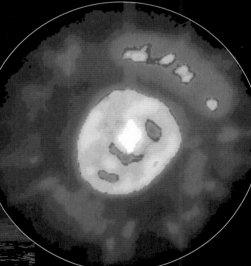

▲ OBSERVER PLUS LOIN DANS L'ESPACE

L'observation du ciel à l'aide de télescopes puissants révèle des zones floues appelées «nébuleuses», régions de gaz et de poussières dans lesquelles naissent des étoiles. La nébuleuse de l'Esquimau, à 2 930 années-lumière de la Terre, est formée par le gaz éjecté dans l'espace par une étoile en fin de vie (une année-lumière correspond à 9,5 milliards de kilomètres).

◄ DES TÉLESCOPES GÉANTS

Les observatoires tel le Keck, à Hawaii, permettent d'observer le ciel avec une grande précision. Chacun des deux télescopes jumeaux qui l'équipent dispose d'un miroir de 10 m de diamètre pour recueillir la lumière des étoiles. Les mouvements de l'atmosphère terrestre troublent la netteté des images. C'est pourquoi ces instruments sont érigés au sommet de montagnes, au-dessus des couches basses de l'atmosphère. Le Keck se trouve ainsi à 4 205 m d'altitude, au sommet du Mauna Kea.

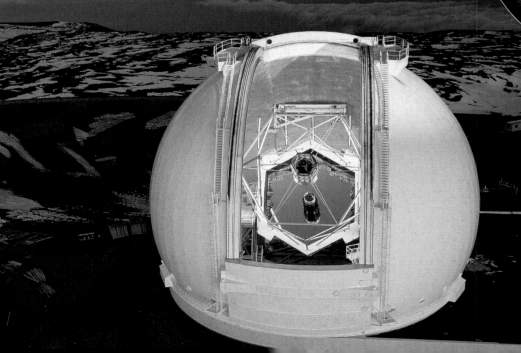

◄ UNE IMAGE EN RAYONS X

En observant dans le domaine des rayons X la galaxie NGC 4631, le télescope Chandra a révélé qu'elle était entourée par un nuage de gaz extrêmement chauds. Cette galaxie, de structure similaire à celle de notre Voie lactée, est distante d'environ 25 millions d'années-lumière. Depuis 50 ans, les scientifiques se demandaient précisément si la Voie lactée était environnée de nuages de gaz chauds. Les observations réalisées à l'aide de Chandra aident à lever le voile...

▲ DES YEUX DANS L'ESPACE

Dans l'espace, certains objets situés dans des régions bien plus chaudes que le Soleil (amas de galaxies ou résidus de supernovæ, des étoiles ayant explosé en fin de vie, par exemple) émettent des rayonnements X invisibles. Les rayons X n'atteignant pas la surface la Terre, des télescopes spécialisés ont été envoyés dans l'espace pour les observer. C'est le cas de Chandra (ci-dessus) : sa puissance lui permettrait d'observer un feu rouge à une distance de 20 km.

UN APPAREIL PHOTO SPATIAL ►

Les sondes envoyées dans l'espace pour l'exploration des planètes et de leurs lunes transportent diverses caméras permettant d'obtenir des images saisissantes en très gros plan. Pour s'en convaincre, il suffit simplement de comparer cette photo de Saturne avec celle obtenue depuis la Terre dans un télescope d'amateur, en haut de la page de gauche. Les sondes nous ont dévoilé les cratères de Mercure, l'atmosphère empoisonnée de Vénus, les immenses canyons de Mars et les volcans en éruption sur une lune de Jupiter. Chaque photo est une mine d'informations pour les scientifiques.

L'EXPLORATION ROBOTISÉE DE L'ESPACE ▲

Il nous est encore impossible de voyager jusqu'aux planètes les plus distantes : nous utilisons donc des vaisseaux automatiques d'exploration. Ils voyagent à travers l'immensité de l'espace pendant des années pour atteindre ces mondes éloignés. La sonde Cassini a ainsi mis sept ans pour rejoindre Saturne. Nous devons à ces robots de l'espace – les explorateurs du XXIe siècle – presque tout ce que nous savons des planètes et de leurs lunes.

VÉNUS MARS

MERCURE TERRE

URANUS NEPTUNE

PLUTON

SOLEIL JUPITER SATURNE

◄ LES FORCES PLANÉTAIRES

Toutes les planètes et leurs satellites exercent des forces d'attraction dues à la gravité, qui restent faibles tant que la distance est importante. Sur un vaisseau voyageant vers la partie externe du système solaire, c'est Jupiter, planète géante, qui exerce l'attraction la plus marquée. Ces forces gravitationnelles sont utilisées pour faciliter la progression des sondes spatiales tout en économisant le carburant : les planètes qu'elles croisent jouent le rôle de frondes qui accélèrent l'appareil et le propulsent vers sa destination suivante.

◄ LES INFLUENCES SOLAIRES

Le Soleil affecte un vaisseau spatial de diverses manières. Avant tout, son énorme force gravitationnelle l'attire vers lui. Par ailleurs, il chauffe la paroi qui lui fait face et soumet l'appareil à un intense rayonnement. Enfin, la, pression du rayonnement exerce une légère poussée sur le vaisseau. Les gros satellites sont les plus affectés et cette force tend à les faire lentement dévier de leur trajectoire, ce qui oblige à des corrections régulières par mise à feu de leurs moteurs-fusées.

LE VOL SPATIAL

Les lois qui régissent la gravitation ont été découvertes voici 300 ans par le savant anglais Isaac Newton (1642-1727). Les ingénieurs d'aujourd'hui font encore appel à ces lois pour calculer les trajectoires des vaisseaux spatiaux. Elles sont simples dans leur énoncé... Pourtant, la détermination des trajectoires nécessite des calculs complexes : il faut en effet prendre en compte l'influence sur le vaisseau des forces gravitationnelles des différentes planètes, en constante modification du fait du mouvement.

5 L'exosphère débute à partir de 500 km d'altitude. Ses frontières supérieures sont floues.

4 La thermosphère s'étend jusqu'à l'altitude approximative de 500 km.

3 La mésosphère correspond à la couche comprise entre 50 et 85 km d'altitude.

2 La stratosphère constitue une couche calme qui s'étend jusqu'à 50 km d'altitude.

1 La troposphère s'étend juqu'à 6 km d'altitude au niveau des pôles et à 11 km au-dessus de l'équateur.

POUR QUITTER L'ATMOSPHÈRE ►

Cette fusée Ariane V se propulse à travers les couches successives de l'atmosphère. La plus grande partie de la poussée nécessaire pour l'arracher au sol provient des boosters à poudre. Le vaisseau décolle d'abord lentement puis accélère progressivement, à mesure que la combustion du carburant l'allège. La fusée monte d'abord verticalement, puis sa trajectoire s'incline de plus en plus jusqu'à ce que le vol devienne horizontal lorsqu'elle a atteint son altitude de mise en orbite.

▲ LES DIFFÉRENTES COUCHES DE L'ATMOSPHÈRE

L'atmosphère terrestre est épaisse d'environ 500 km. Elle ne comporte pas de limite nette : elle devient de plus en plus ténue au fur et à mesure que l'on s'éloigne du sol pour se fondre finalement dans le vide de l'espace. Cette région-frontière est appelée « exosphère ». Tant que les satellites et autres vaisseaux traversent les couches basses, denses, de l'atmosphère, ils doivent être protégés du frottement avec l'air et des intempéries par une « coiffe » aérodynamique qui assure également une meilleure pénétration et facilite la progression de la fusée.

LA MONTÉE EN ORBITE

La trajectoire d'un vaisseau dépend de sa vitesse horizontale apportée par la poussée du moteur-fusée durant la phase de mise en orbite. Si cette vitesse reste faible (par exemple de l'ordre de 8 000 km/h), la gravité terrestre aura tôt fait d'attirer à nouveau le vaisseau vers le sol : un tel vol est qualifié de « suborbital ». Plus la vitesse est grande, plus la trajectoire du vaisseau va se prolonger. S'il atteint la vitesse d'au moins 28 000 km/h, il ne retombe plus mais se satellise sur une orbite plus ou moins éloignée selon la vitesse acquise.

Fusée

Vol suborbital provoqué par une faible vitesse

Le vol suborbital s'allonge avec l'augmentation de la vitesse initiale.

La mise en orbite nécessite une vitesse d'au moins 28 000 km/h.

Les boosters à poudre délivrent plus de 90 % de la poussée totale au décollage.

L'étage principal renferme les réservoirs de carburant.

Le moteur principal brûle durant une dizaine de minutes (cette durée varie légèrement selon les missions).

Le puissant jet de gaz brûlant propulse la fusée vers le haut.

POUSSÉE ET ACCÉLÉRATION ►

Une fusée brûle son carburant afin de produire un jet de gaz chauds dirigé vers l'arrière. L'éjection des gaz brûlants produit, par réaction, une poussée vers le haut qui tend à propulser le vaisseau : une parfaite illustration de la troisième loi de Newton, qui indique qu'à toute poussée correspond, dans le sens opposé, une « réaction » d'intensité égale. Pour que la fusée décolle, il suffit que la poussée exercée par les moteurs excède la force de gravité qui tend à la retenir au sol. La force en excès assure sa montée à travers l'atmosphère et son accélération progressive.

Fusée

La poussée du moteur-fusée propulse le vaisseau et le fait accélérer progressivement.

La fusée est propulsée vers le haut par réaction à la poussée vers le bas de l'énorme quantité de gaz éjectée par les tuyères du moteur.

La force de gravité qui tend à retenir la fusée s'exerce vers le centre de la Terre.

LA GRAVITÉ DANS L'ESPACE ►

Lorsque les astronautes flottent dans l'espace, ils paraissent ne plus être soumis à la gravité terrestre. En réalité, ils subissent une attraction quasiment identique à celle d'un homme au sol. La différence provient du fait qu'ils sont en état de chute libre, mais avec une vitesse horizontale qui leur permet de se maintenir en orbite sans retomber sur Terre. Dès lors, ils ne pèsent plus rien : s'ils tentaient de le vérifier à l'aide d'une balance, le cadran indiquerait un poids nul car l'instrument lui-même serait alors en chute libre !

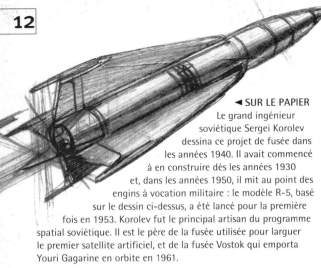

◄ SUR LE PAPIER
Le grand ingénieur soviétique Sergei Korolev dessina ce projet de fusée dans les années 1940. Il avait commencé à en construire dès les années 1930 et, dans les années 1950, il mit au point des engins à vocation militaire : le modèle R-5, basé sur le dessin ci-dessus, a été lancé pour la première fois en 1953. Korolev fut le principal artisan du programme spatial soviétique. Il est le père de la fusée utilisée pour larguer le premier satellite artificiel, et de la fusée Vostok qui emporta Youri Gagarine en orbite en 1961.

L'histoire des fusées trouve ses racines en Allemagne, dans les années trente. Des visionnaires rêvant de conquête de l'espace avaient déjà effectué quelques tentatives, mais c'est un groupe de scientifiques et d'ingénieurs allemands qui, sous la contrainte nazie, firent franchir à la technique les pas décisifs, notamment à travers la construction de la fusée V-2, la plus évoluée de cette époque. Plusieurs de ces pionniers ont ensuite participé aux programmes spatiaux de l'Union soviétique et des États-Unis, notamment dans la mise au point des fusées Appolo américaines.

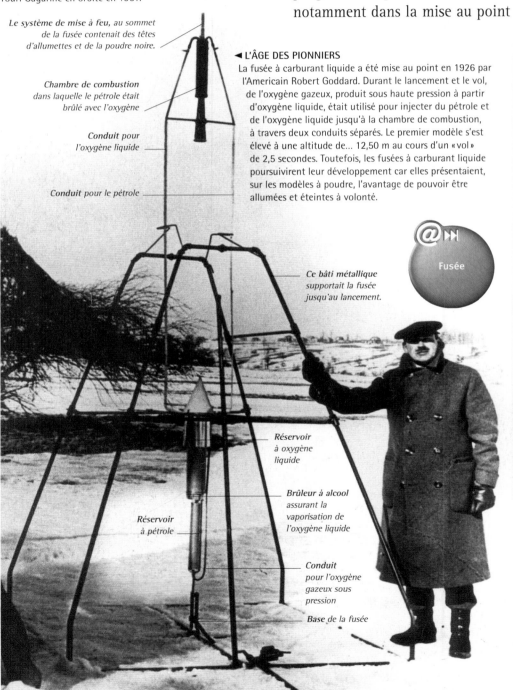

Le système de mise à feu, au sommet de la fusée contenait des têtes d'allumettes et de la poudre noire.

Chambre de combustion dans laquelle le pétrole était brûlé avec l'oxygène

Conduit pour l'oxygène liquide

Conduit pour le pétrole

◄ L'ÂGE DES PIONNIERS
La fusée à carburant liquide a été mise au point en 1926 par l'Américain Robert Goddard. Durant le lancement et le vol, de l'oxygène gazeux, produit sous haute pression à partir d'oxygène liquide, était utilisé pour injecter du pétrole et de l'oxygène liquide jusqu'à la chambre de combustion, à travers deux conduits séparés. Le premier modèle s'est élevé à une altitude de... 12,50 m au cours d'un «vol» de 2,5 secondes. Toutefois, les fusées à carburant liquide poursuivirent leur développement car elles présentaient, sur les modèles à poudre, l'avantage de pouvoir être allumées et éteintes à volonté.

@ ▶▶ Fusée

Ce bâti métallique supportait la fusée jusqu'au lancement.

Réservoir à oxygène liquide

Brûleur à alcool assurant la vaporisation de l'oxygène liquide

Réservoir à pétrole

Conduit pour l'oxygène gazeux sous pression

Base de la fusée

DES FUSÉES DE GUERRE ▲
L'Allemagne a produit, de 1939 à 1945, durant la Seconde Guerre mondiale, une série d'armes révolutionnaires. La plus marquante fut la fusée V-2, développée par l'équipe dirigée par Wernher von Braun. Celle-ci mesurait 14 m de hauteur et pesait plus de 12 tonnes. Le moteur brûlait de l'alcool et de l'oxygène liquide pendant environ 60 secondes. Durant ce cours laps de temps, il propulsait la V-2 à environ 5 600 km/h jusqu'à une altitude proche de 100 km.

◄ À LA MÉMOIRE DE TSIOLKOVSKY
Ce monument a été érigé à Kaluga, en Russie, pour honorer Konstantin Tsiolkovsky, un instituteur visionnaire qui, plus de cinquante ans avant le début de la conquête spatiale, avait exposé bon nombre de principes de fonctionnement du moteur-fusée. Tsiolkovsky, fasciné par l'idée du voyage spatial depuis son plus jeune âge, avait commencé à travailler sur ce concept dès 1898. La plupart de ses travaux en sont restés au stade du calcul et de la théorie par manque de moyens matériels.

Le dispositif de sauvetage devait propulser le module de commande jusqu'à une altitude de sécurité en cas d'échec au décollage.

Le module de commande abritait les trois astronautes durant la plus grande partie du voyage.

Le module de service contenait le carburant, un moteur-fusée et l'oxygène destiné aux astronautes.

Coiffe de protection du module lunaire qui emportait deux astronautes jusqu'à la surface de la Lune.

Le troisième étage plaçait Apollo en orbite terrestre. Puis il était remis à feu pour propulser le vaisseau en direction de la Lune.

▲ LANCEMENT D'UN SATELLITE
Créée à partir des plans du modèle Redstone, utilisé pour la mise en orbite des deux premiers astronautes américains en 1961, la fusée Jupiter C a assuré le lancement du premier satellite américain en 1958 (elle était alors appelée Juno I). Son développement est dû à Wernher von Braun et aux membres de l'équipe de la fusée V-2 qui avaient immigré aux États-Unis à la fin de la Seconde Guerre mondiale.

UNE FUSÉE POUR LA LUNE ►
Saturn V, la fusée géante américaine utilisée pour le premier vol humain vers la Lune, a été mise au point au Centre spatial Marshall de la NASA, sous la direction de Wernher von Braun. Coiffée par le module lunaire Apollo, cette fusée de trois étages mesurait 111 m de hauteur et pesait 3 000 tonnes au décollage. Elle plaçait en orbite terrestre une charge utile de 152 tonnes et envoyait finalement jusqu'à la Lune un module de 53 tonnes. Après la fin du programme Apollo, une version à deux étages de Saturn V plaça en orbite la station spatiale Skylab, en 1973.

LA PUISSANCE DES FUSEES

Pour propulser une fusée en orbite, une énorme quantité d'énergie est nécessaire, que seule la puissance des réactions chimiques permet de développer. La poussée est obtenue par un jet de gaz produit par la mise à feu d'un combustible, ce qui nécessite la présence d'oxygène. L'espace étant vide, cela impose de transporter l'oxygène avec la fusée. Les plus gros porteurs sont composés de deux étages superposés, voire davantage. Lorsque le combustible d'un étage est épuisé, ce dernier est largué pour alléger la masse en mouvement.

LA MISE EN ORBITE D'ARIANE V EN QUATRE ÉTAPES

LE DÉCOLLAGE
Au décollage, le moteur principal du premier étage est d'abord mis à feu, suivi, 7 s plus tard, par les boosters latéraux à poudre. Deux minutes plus tard, les boosters se séparent de la fusée après avoir brûlé chacun, dans ce court laps de temps, 238 tonnes de combustible solide. Au moment de la séparation, la fusée a déjà atteint l'altitude de 65 km et une vitesse de 7 450 km/h.

LE LARGAGE DE LA COIFFE
Après 3 minutes de vol, la fusée atteint l'altitude de 100 km. Elle a alors passé les couches denses de l'atmosphère, se trouvant dans une région où la densité des gaz est extrêmement faible. La protection des satellites par la coiffe n'étant plus utile, celle-ci se sépare en deux et retombe vers le sol. Différents types de coiffes sont utilisés selon la forme, la taille et le type des satellites emportés.

LA SÉPARATION DU PREMIER ÉTAGE
Le moteur du premier étage s'éteint après 9 min et 42 s de poussée. La fusée a maintenant atteint l'altitude de 150 km et elle se déplace à 28 000 km/h. Au bout de quelques secondes, le premier étage se sépare du deuxième et retombe en se brisant dans l'océan Pacifique.

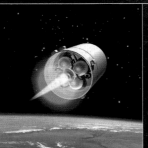

LA MISE À FEU DU 2E ÉTAGE
C'est à présent le moteur du deuxième étage qui est mis à feu pour donner la poussée nécessaire au placement de la charge utile sur l'orbite finale. Le moteur du deuxième étage peut brûler pendant environ 18 minutes. La durée effective de la poussée dépend de la charge emportée, ainsi que du type et de l'altitude de l'orbite finale. Celle-ci atteinte, mission accomplie pour Ariane !

La coiffe se sépare en deux pour libérer la charge utile.

La charge utile peut comporter deux gros satellites et plusieurs microsatellites.

Le moteur du deuxième étage propulse la charge utile sur l'orbite finale.

ARIANE 5 ►
Cette fusée Ariane V décolle de la base de l'Agence Spatiale Européenne, située près de l'équateur, à Kourou, en Guyane française. Le premier vol de l'énorme fusée de 750 tonnes est intervenu en juin 1996. Son premier vol commercial eut lieu en décembre 1999. Ariane V peut emporter une charge utile maximale de 8 tonnes.

Les boosters à poudre offrent la poussée nécessaire au décollage.

Le réservoir principal contient 25 tonnes d'hydrogène liquide. Le petit réservoir au sommet contient l'oxygène liquide.

Les boosters contiennent 238 tonnes de poudre solide et brûlent durant 130 s.

La tuyère du moteur principal du premier étage est orientable pour corriger la trajectoire.

Flamme issue du booster à poudre

LES MANŒUVRES SUR ORBITE

Le moteur est mis à feu.

Orbite initiale

Orbite elliptique

LA POUSSÉE
La mise à feu d'un moteur exerçant une poussée dans le sens du déplacement initial accélère le vaisseau et l'éloigne de la Terre, sur une orbite elliptique. Sur une telle orbite, le vaisseau accélère lorsqu'il se rapproche de la Terre et ralentit lorsqu'il s'en éloigne. Il suffit de rallumer le moteur lorsque la fusée passe au plus loin de la Terre pour obtenir une nouvelle orbite circulaire plus haute.

Le moteur pousse en sens inverse.

Orbite initiale

Nouvelle orbite plus basse : la fusée accélère.

LA POUSSÉE INVERSÉE
Si l'on retourne le vaisseau, le moteur fusée exerce cette fois un freinage qui se traduit, sous l'influence de la gravité, par la descente sur une orbite plus basse. En se rapprochant de la Terre, le vaisseau doit accélérer pour contrebalancer l'influence de la gravité et rester en orbite. Il suffit d'allumer le moteur pendant une période assez longue pour le faire retomber sur Terre.

Le moteur pousse selon un angle latéral.

Le plan de l'orbite est modifié.

LA MODIFICATION DE PLAN ORBITAL
Pour modifier le plan de son orbite, le vaisseau doit pivoter selon un angle donné par rapport à sa trajectoire. On l'obtient en allumant une fusée qui produit une poussée latérale. La détermination précise de l'angle et de la durée de la poussée latérale nécessite des calculs complexes. Cette manœuvre est rarement utilisée car elle consomme beaucoup de carburant.

Le vaisseau monte verticalement.

L'orbite finale est elliptique.

LA POUSSÉE RADIALE
L'allumage du moteur lorsque le vaisseau est dirigé vers le zénith, à la verticale de la Terre, offre le même résultat qu'une poussée longitudinale classique. Sauf si la poussée est suffisamment puissante et prolongée pour lui permettre d'échapper à l'attraction terrestre, le vaisseau retombe finalement vers la Terre. Ce faisant, il accélère ce qui tend à le placer sur une orbite finale elliptique.

DES MOTEURS-FUSÉES DIRECTIONNELS ▶
Tandis que la fusée s'arrache à sa plateforme de lancement, les dispositifs de contrôle de trajectoire embarqués commandent en permanence les ajustements de direction indispensables au maintien de la trajectoire définie par le plan de vol. À cette fin, les tuyères sont orientées dans la direction voulue. Les ajustements de trajectoire ne nécessitent que de très faibles mouvements de la tuyère en raison même de la vitesse acquise par la fusée au bout de quelques centaines de mètres d'altitude.

Tuyère orientable. Elle assure le maintien de la trajectoire.

La fusée modifie sa direction à l'opposé de la direction de la tuyère.

La fusée pivote et s'oriente dans une direction différente.

Fusée

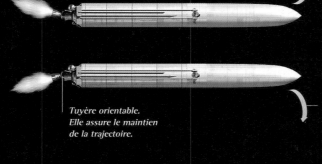

LES ESSAIS DE MOTEUR ▲
Les nouveaux modèles de moteurs-fusées sont d'abord testés au sol afin de déterminer leur fiabilité et leur puissance réelle. Pour cela, ils sont solidement fixés sur un support de banc-test. Ces moteurs sont inlassablement testés et continuellement améliorés. Ainsi, le moteur Vulcain du premier étage de la fusée Ariane V a été mis à feu au banc environ 300 fois durant la phase de développement.

Un jet de gaz brûlant est émis parallèlement au sol durant l'essai du moteur-fusée.

Ces instruments mesurent les gaz évacués par la fusée.

Tuyère du moteur-fusée en cours de test

◄ SPOUTNIK 1
Le nom complet de
Spoutnik est : *Iskustvennyi Sputnik
Zemli* («le Compagnon de route de la Terre»)
Il se présentait comme une boule métallique
d'où sortaient quatre antennes d'environ 3 m de
longueur. Son lancement fut assuré par une fusée
militaire R-7 modifiée. À chaque passage
à la verticale, toutes les 96 minutes, on pouvait
capter son signal sur un poste de radio classique.
Ses batteries se sont épuisées en trois semaines,
le contraignant au silence. Le 4 janvier 1958,
après 1 400 révolutions, il rentrait dans l'atmosphère
et brûlait

LES PREMIERS SATELLITES

L'Âge spatial a débuté le 4 octobre 1957, avec le lancement du
premier satellite artificiel, Spoutnik 1, par l'Union soviétique.
Les satellites des premiers temps étaient très simples, de petite
taille et alimentés par des batteries qui ne leur offraient que
quelques semaines d'autonomie. En ces temps héroïques, placer
un de ces appareils en orbite était un exploit car les fusées
étaient encore peu fiables. Elles pouvaient exploser au décollage
ou connaître des pannes de moteur des étages supérieurs :
beaucoup de satellites explosaient ou retombaient sur Terre
après quelques minutes de vol.

*Coque mince
externe finement
polie pour réfléchir
la chaleur des
radiations solaires*

*La coque interne
était remplie
d'azote, un gaz
neutre.*

*Deux petits
émetteurs radio
étaient situés à
l'intérieur de la seconde
coque protectrice.*

«*La conquête de l'espace   débuté.*»

Sergei Korolev, spécialiste russe des fusées

◄ LES PREMIÈRES TENTATIVES
Le premier satellite américain, Explorer 1, fut lancé le 31 janvier 1958.
Il emportait des instruments destinés à l'étude des rayons cosmiques
(formés de particules circulant dans l'espace à très grande vitesse) et
a contribué à la découverte de la ceinture de radiations de Van Allen,
une région en forme de beignet autour de notre planète, chargée
de particules piégées par le champ magnétique terrestre.
Ses transmissions radio se sont interrompues en mai 1958, mais il est
resté dans l'espace pendant encore 12 ans, effectuant 58 000 orbites
avant de brûler lors de sa rentrée dans l'atmosphère.

LA STRUCTURE DE SPOUTNIK ►
Spoutnik 1 était réalisé par assemblage
d'éléments courants dans une simple
coque sphérique protectrice. Comme les
avions, il était en alliage d'aluminium,
choisi en raison de sa faible masse.
Ce métal est peu coûteux et facile
à travailler. Le chef du programme
spatial soviétique, Sergei Korolev,
surveilla étroitement chaque étape de
la fabrication du satellite par les ingénieurs
et les ouvriers spécialisés.

*Des batteries au zinc
procuraient le courant
électrique nécessaire aux
deux émetteurs radio.*

*Un thermomètre
mesurait la
température al...
que Spoutnik
atteignait l'alt...
record de 946*

@ ►►
Satellite
artificiel

U.S. 'MOON' DUD
RUSS CHARGE YANKS HOLD
FALLEN SPUTNIK ROCKET

IKE'S
SPUTNIK
IS
DUDNIK

◄ MAUVAISES NOUVELLES !
Le lancement du tout premier satellite américain, nommé
Vanguard, le 6 décembre 1957 (soit deux mois après Spoutnik
se solda par un échec. À la fin du compte à rebours, le moteur
fusée fut mis à feu et la fusée s'éleva de... 1 mètre au-dessus
du pas de tir avant de retomber et d'exploser ! Moins de deux
plus tard, les États-Unis lançaient Explorer 1.

FICHE TECHNIQUE DES SATELLITES

Spoutnik 1 (URSS)	
Diamètre : 58 cm	Masse : 84 kg
Orbite : 227 x 945 km	

Explorer 1 (USA)	
Longueur : 203 cm	Masse : 14 kg
Orbite : 354 x 2 515 km	

Vanguard 1 (USA)	
Diamètre : 15 cm	Masse : 2 kg
Orbite : 654 x 3 868 km	

Explorer 6 (USA)	
Diamètre : 66 cm	Masse : 64 kg
Orbite : 245 x 42 400 km	

TIROS 1 (USA)	
Diamètre : 107 cm	Masse : 120 kg
Orbite : 656 x 696 km	

Telstar (USA)	
Diamètre : 88 cm	Masse : 77 kg
Orbite : 945 x 5 643 km	

QUATRE DÉCENNIES DANS L'ESPACE ►

Le premier satellite Vanguard, lancé dans l'espace le 17 mars 1958, est toujours en orbite autour de la Terre après plus de quarante ans. Il consiste en une petite sphère de métal renfermant deux émetteurs radio, aujourd'hui silencieux. L'un était alimenté par une batterie, l'autre par six panneaux solaires fixés sur la paroi du satellite. L'émission était assurée par six antennes. Vanguard renfermait également deux capteurs, appelés « thermistances », indiquant sa température interne.

Les antennes mesurent 30 cm de long.

Le corps du satellite est composé de deux hémisphères joints par un anneau médian.

UN SUCCÈS SCIENTIFIQUE ▲

Explorer 6 était un petit satellite scientifique lancé le 7 août 1959 pour l'étude des radiations, des rayons cosmiques, du magnétisme terrestre et des micrométéorites. Il était par ailleurs doté d'une caméra vidéo. L'énergie électrique lui était fournie par quatre panneaux solaires s'étendant comme les ailes d'un moulin. Malgré l'impossibilité de déployer l'un d'entre eux, les trois autres fournirent une énergie suffisante pour permettre le fonctionnement de la caméra et la transmission des premières images de la Terre vue de l'espace.

UN SATELLITE DE TELEVISION ►

Telstar a été le premier d'un nouveau type de satellites de télécommunications. Jusqu'alors, les satellites ne jouaient qu'un rôle passif de miroir, renvoyant les ondes en provenance de la Terre. Afin de relayer plus efficacement les émissions, Telstar captait les signaux et les réémettait en les amplifiant. Il pouvait ainsi prendre en charge des émissions par-dessus l'océan Atlantique pendant 20 minutes au cours de chaque orbite. Le 23 juin 1962, il relayait ainsi la première émission télévisée transatlantique en direct et la première conversation téléphonique à transiter par l'espace.

Telstar a été le premier satellite à relayer des émissions télévisées par-dessus l'Atlantique.

Antenne réceptrice captant les signaux en provenance de la Terre

Les panneaux génèrent de l'électricité à partir de la lumière du Soleil.

LA SURVEILLANCE DU CLIMAT ►

Le premier satellite météorologique se nommait TIROS 1, acronyme de *Television and Infra-Red Observation Satellite* (« satellite de télévision et d'observation infrarouge »). Il fut lancé le 1er avril 1960. Ses deux caméras réalisaient chacune 16 images au cours de chaque révolution. Deux enregistreurs pouvaient stocker jusqu'à 48 images en attendant le passage du satellite au-dessus d'une station réceptrice au sol. Avant que ses batteries ne s'épuisent au bout de 78 jours, il avait transmis 22 952 images de l'atmosphère terrestre.

Antennes émettrices transmettant les images de l'atmosphère

Le bras manipulateur de la Navette éloigne le satellite avant de le larguer dans l'espace.

◄ LA MISE EN ORBITE D'UN SATELLITE

Ce satellite Spartan 201 est destiné à l'étude de la couronne solaire, la couche externe de notre étoile. Il vient d'être dégagé de la soute de la Navette spatiale avant d'être libéré dans l'espace par le bras manipulateur. Il ne risque pas de retomber vers la Terre car, au moment où elle le lâche, la Navette lui imprime sa propre vitesse, suffisante pour qu'il se maintienne en orbite. La plupart des satellites tournent à une altitude supérieure à celle de la Navette spatiale. Ceux qu'elle largue disposent donc d'un petit moteur destiné à les propulser ensuite sur une orbite plus élevée.

Le module des instruments supporte les appareils d'observation de la couronne solaire.

Le module de service contient l'électronique, les enregistreurs et un dispositif de contrôle de l'altitude.

LES ORBITES

Lorsqu'un vaisseau est propulsé jusqu'à la vitesse de 28 000 km/h, il ne retombe plus sur Terre après l'extinction de ses moteurs. Au contraire, la combinaison de l'attraction gravitationnelle de la Terre et de sa vitesse propre lui fait suivre une trajectoire incurvée autour de la planète. Cette ronde sans fin d'un vaisseau ou d'un satellite naturel autour d'une planète est appelée « orbite ». Elle peut prendre la forme d'un cercle ou d'une ellipse (un cercle déformé). La vitesse du vaisseau dépend de son altitude : plus il est bas, plus il doit aller vite pour contrebalancer la gravité et ne pas retomber.

LA VARIÉTÉ DES ORBITES ►

Les satellites peuvent suivre différentes orbites : celles-ci peuvent se maintenir à la verticale de l'équateur, passer par les pôles ou par n'importe quel angle entre ces deux trajectoires de base. Une orbite peut par ailleurs être circulaire ou étirée en ellipse. Elle est, bien sûr, déterminée en fonction de l'utilisation du satellite. Ainsi, certains satellites sont placés sur une orbite particulière au-dessus de l'équateur, dite « géostationnaire », le satellite se déplaçant alors exactement à la même vitesse angulaire que la rotation de la Terre, restant ainsi toujours à la verticale d'un même lieu géographique. C'est une caractéristique particulièrement utile pour les applications de télécommunications.

L'orbite géostationnaire se trouve à 35 800 km d'altitude dans le plan équatorial. Le satellite tourne alors en parfait synchronisme avec la Terre et demeure fixement au-dessus du même point du globe.

LA PHYSIQUE DES ORBITES

Dans un manège en rotation, notre corps est entraîné vers l'extérieur par la force dite « centrifuge », mais on est aussi retenu par le siège qui exerce sur nous une force égale, dirigée vers l'axe de rotation. Une balle qui tourne attachée à un fil est aussi en équilibre entre deux forces : l'une vers l'extérieur résultant de la vitesse acquise, l'autre vers l'intérieur produite par la tension du fil. Un vaisseau spatial en orbite est soumis aux mêmes forces : sa vitesse tend à l'éjecter dans l'espace tandis que l'attraction terrestre le ramène vers le sol. Le maintien en orbite résulte de la combinaison de ces deux effets opposés.

La force centrifuge résulte de la vitesse et tend à écarter la balle du centre.

Le fil tendu tire la balle vers le centre.

En bleu, la force qui tend à ramener la balle vers le centre

Les passagers de la grande roue sont soumis à deux forces contraires : l'une les chasse vers l'extérieur, l'autre les ramène vers le centre. Résultat : une trajectoire circulaire.

L'antenne parabolique vise une direction fixe tandis que le reste du satellite tourne lentement sur lui-même.

Les panneaux solaires génèrent l'électricité nécessaire au fonctionnement.

Orbite

L'équipement interne est conçu pour être adapté à la forme cylindrique.

◄ LES SATELLITES STABILISÉS PAR ROTATION

Les satellites doivent conserver leur orientation spatiale de manière à permettre aux antennes et aux caméras de viser dans la bonne direction. L'une des façons de les stabiliser est de faire appel à l'effet gyroscopique : selon ce principe de base de la physique, un objet en rotation sur lui-même résiste aux forces exercées pour le faire changer d'orientation. Dans un satellite de télécommunication tel que ce HS 376, la stabilité est assurée par la rotation du satellite lui-même autour de son axe. Seules l'antenne et les caméras ne tournent pas.

Des petits moteurs corrigent la rotation si les capteurs internes détectent un tangage.

La forme cylindrique est typique d'un satellite stabilisé par rotation.

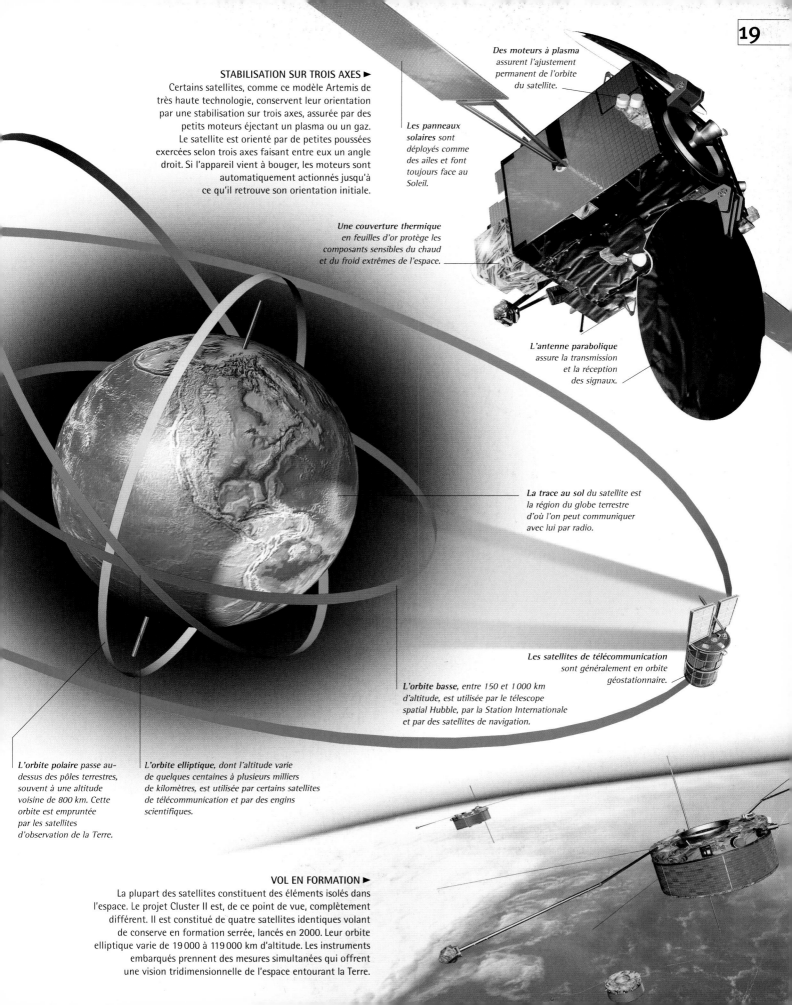

STABILISATION SUR TROIS AXES ▶
Certains satellites, comme ce modèle Artemis de
très haute technologie, conservent leur orientation
par une stabilisation sur trois axes, assurée par des
petits moteurs éjectant un plasma ou un gaz.
Le satellite est orienté par de petites poussées
exercées selon trois axes faisant entre eux un angle
droit. Si l'appareil vient à bouger, les moteurs sont
automatiquement actionnés jusqu'à
ce qu'il retrouve son orientation initiale.

Des moteurs à plasma
assurent l'ajustement
permanent de l'orbite
du satellite.

Les panneaux
solaires sont
déployés comme
des ailes et font
toujours face au
Soleil.

Une couverture thermique
en feuilles d'or protège les
composants sensibles du chaud
et du froid extrêmes de l'espace.

L'antenne parabolique
assure la transmission
et la réception
des signaux.

La trace au sol du satellite est
la région du globe terrestre
d'où l'on peut communiquer
avec lui par radio.

Les satellites de télécommunication
sont généralement en orbite
géostationnaire.

L'orbite basse, entre 150 et 1 000 km
d'altitude, est utilisée par le télescope
spatial Hubble, par la Station Internationale
et par des satellites de navigation.

L'orbite polaire passe au-
dessus des pôles terrestres,
souvent à une altitude
voisine de 800 km. Cette
orbite est empruntée
par les satellites
d'observation de la Terre.

L'orbite elliptique, dont l'altitude varie
de quelques centaines à plusieurs milliers
de kilomètres, est utilisée par certains satellites
de télécommunication et par des engins
scientifiques.

VOL EN FORMATION ▶
La plupart des satellites constituent des éléments isolés dans
l'espace. Le projet Cluster II est, de ce point de vue, complètement
différent. Il est constitué de quatre satellites identiques volant
de conserve en formation serrée, lancés en 2000. Leur orbite
elliptique varie de 19 000 à 119 000 km d'altitude. Les instruments
embarqués prennent des mesures simultanées qui offrent
une vision tridimensionnelle de l'espace entourant la Terre.

LES PREMIÈRES SONDES

Les premières sondes d'exploration ont tout naturellement été lancées vers notre plus proche voisine, la Lune. Pour échapper complètement à la gravité terrestre, elles devaient atteindre la vitesse de 40 000 km/h. Avant les premières missions habitées, Américains et Soviétiques envoyèrent ainsi des dizaines de sondes étudier et photographier dans le détail la surface lunaire. Les sondes ont dépassé leur cible, se sont écrasées à sa surface ou se sont mises en orbite autour de notre satellite. Certaines ont même réussi des alunissages contrôlés.

Les panneaux articulés s'ouvraient comme des pétales.

Les antennes transmettaient les données des instruments.

La sphère de métal contenait des instruments scientifiques et un émetteur radio.

La caméra a réalisé les premières photos depuis la surface de la Lune.

Ces antennes assuraient la transmission des images jusqu'à la base terrestre.

▲ LA CAPSULE LUNA 9
Luna 9 fut la première sonde à effectuer un alunissage en douceur dans l'Océan des Tempêtes, le 3 février 1966. Juste avant de s'écraser au sol, la sonde éjectait un module ovoïde de 60 cm de long et pesant 100 kg. Une fois immobilisé, ce module s'ouvrait, libérant une caméra et des antennes pour la transmission des images vers la Terre. C'est à Luna que nous devons les premières images prises depuis la surface de notre satellite.

Sonde spatiale

Cette sonde mesurait 3,10 m de haut et pesait 366 kg.

Les caméras fournissaient 4 vues détaillées et 2 couvrant un champ étendu.

Système de télévision et antennes ominidirectionnelles

▲ LUNA 1, PIONNIÈRE SOVIÉTIQUE
La sonde soviétique Luna 1 fut le premier satellite artificiel à échapper à la gravité terrestre pour partir vers l'espace. Lancée le 2 janvier 1959, cette sonde sphérique devait toucher la Lune mais manqua sa cible, devenant de ce fait le premier objet artificiel à aller se placer autour du Soleil. Luna 3, lancée le 7 octobre 1959, réalisa, quant à elle, la première photo de la face cachée de la Lune, celle que l'on ne voit jamais de la Terre.

L'ÉCRASEMENT DE RANGER 9 EN IMAGES

LA CIBLE LUNAIRE
Ranger 9 était le dernier de sa série. Tiré le 21 mars 1965, il n'était plus, 64 heures après son lancement, qu'à 2 261 km de notre satellite. Ses caméras furent alors mises en fonction et il commença à transmettre des images.

LE SOL SE RAPPROCHE
Les photos de Ranger 9 révélèrent que sa trajectoire avait dévié de 4,8 km au terme d'un vol de 417 054 km. Une bonne précision pour l'époque ! Il se dirigeait droit sur un cratère nommé Alphonsus, situé au milieu de la face visible de la Lune.

LE CRASH !
Les caméras de Ranger 9 ont pris 5 814 photos durant les quatorze dernières minutes du vol. Les ultimes images montrent des éléments (rochers, microcratères) ne dépassant pas 30 cm. La sonde s'est écrasée au sol à la vitesse de 9 617 km/h.

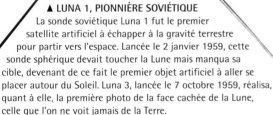

LA SONDE RANGER 9 ▲
Les sondes américaines Ranger étaient destinées à fournir des images en haute résolution de la surface lunaire, afin de déterminer les zones d'alunissage propices pour les futurs vols habités. Elles produisaient des vues mille fois plus détaillées que les meilleures images prises depuis la Terre par des télescopes. Elles étaient conçues pour s'écraser à la surface de la Lune, prenant des photos jusqu'à l'impact. Les sondes Ranger 1 à 6 connurent l'échec, mais les Ranger 7, 8 et 9 heureusement pu nous faire parvenir 17 000 photos.

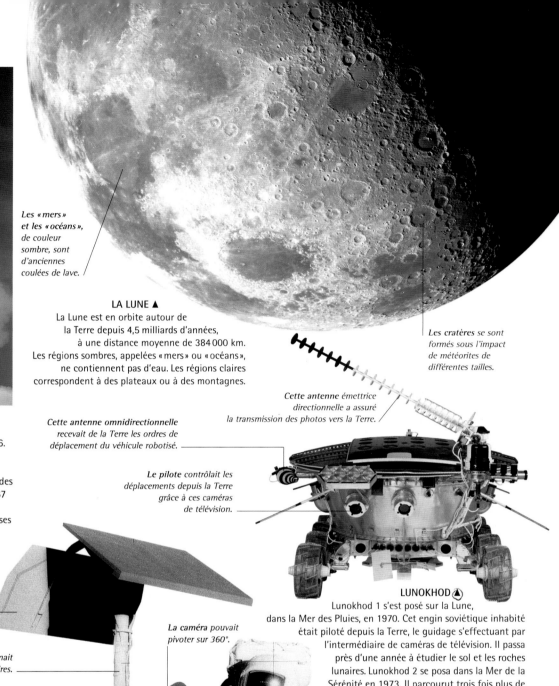

*Les «mers»
et les «océans»,
de couleur
sombre, sont
d'anciennes
coulées de lave.*

LA LUNE ▲

La Lune est en orbite autour de
la Terre depuis 4,5 milliards d'années,
à une distance moyenne de 384 000 km.
Les régions sombres, appelées «mers» ou «océans»,
ne contiennent pas d'eau. Les régions claires
correspondent à des plateaux ou à des montagnes.

*Les cratères se sont
formés sous l'impact
de météorites de
différentes tailles.*

*Cette antenne émettrice
directionnelle a assuré
la transmission des photos vers la Terre.*

▲ LUNAR ORBITER AU DÉCOLLAGE

La première sonde américaine Lunar Orbiter
décolla en direction de la Lune le 10 août 1966.
Après les sondes Ranger, Lunar Orbiter fut le
deuxième programme d'une série de trois qui
devaient précéder les tirs habités. Les cinq sondes
Lunar Orbiter, qui furent tirées en 1966 et 1967
et connurent toutes le succès, réalisèrent des
photographies de la Lune et des mesures précises
de sa gravité.

*Cette antenne omnidirectionnelle
recevait de la Terre les ordres de
déplacement du véhicule robotisé.*

*Le pilote contrôlait les
déplacements depuis la Terre
grâce à ces caméras
de télévision.*

*Les panneaux solaires
produisaient de l'électricité
à partir de l'énergie
de la lumière solaire.*

LUNOKHOD ▲

Lunokhod 1 s'est posé sur la Lune,
dans la Mer des Pluies, en 1970. Cet engin soviétique inhabité
était piloté depuis la Terre, le guidage s'effectuant par
l'intermédiaire de caméras de télévision. Il passa
près d'une année à étudier le sol et les roches
lunaires. Lunokhod 2 se posa dans la Mer de la
Sérénité en 1973. Il parcourut trois fois plus de
chemin, escaladant une montagne de 400 m.

*Un mât télescopique soutenait
les panneaux solaires.*

*La caméra pouvait
pivoter sur 360°.*

SURVEYOR 3 ▶

Le projet Surveyor était le
troisième de la série de vols
inhabités du programme lunaire
américain. Ces sondes étaient
conçues pour effectuer un
atterrissage contrôlé et tester la
résistance du sol à l'enfoncement.
Surveyor 3 se posa sur la Lune,
dans la Mer des Tempêtes,
le 20 avril 1967. Il réalisa
6 317 photos et creusa une
tranchée dans le sol. En novembre
1969, le module lunaire d'Apollo 12
se posa non loin de lui, ce qui
permit aux astronautes d'en
rapporter des éléments sur Terre
afin que les scientifiques évaluent
les altérations subies durant
le séjour lunaire.

LES PREMIERS VOLS HABITÉS

Les premiers vaisseaux habités étaient minuscules et très encombrés. Pour cette raison, ils étaient appelés «capsules». Chaque modèle était conçu en vue d'un objectif précis. Ainsi, les capsules américaines Mercury et les Vostok soviétiques avaient pour rôle d'emporter un unique passager dans l'espace pour un vol n'excédant pas une journée, et de le ramener au sol. La génération suivante de vaisseaux soviétiques, les Voskhod, pouvait emporter plus d'un passager. Les capsules américaines Gemini étaient conçues pour emporter deux cosmonautes pour un vol pouvant atteindre environ une semaine.

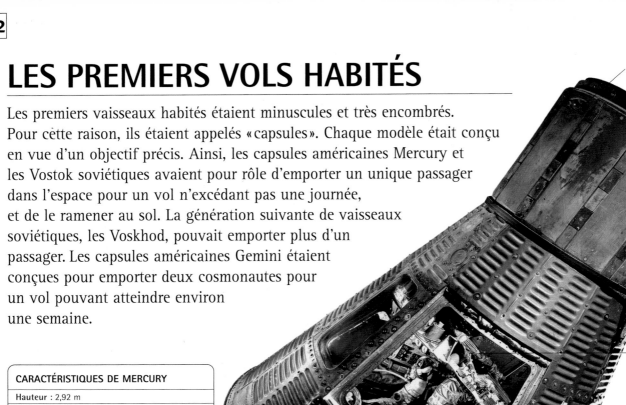

Compartiment contenant les parachutes de freinage pour le retour

Des nervures augmentaient la rigidité de la capsule.

Les astronautes entraient par une ouverture dans la paroi.

Bouclier thermique de protection

CARACTÉRISTIQUES DE MERCURY

Hauteur : 2,92 m	
Diamètre à la base : 1,89 m	
Masse : 1 935 kg	
Équipage : un seul astronaute	
Lanceur : Redstone (pour les vols suborbitaux) puis Atlas, plus puissant, pour les vols orbitaux	
Missions habitées : deux missions suborbitales et quatre missions orbitales	
Mission la plus longue : 1 jour 10 heures et 20 minutes pour Mercury 9 (22 révolutions sur orbite)	
Retour : module d'entrée dans l'atmosphère freiné par des parachutes. Récupération dans l'océan, l'unique astronaute restant à bord.	

◄ **LA CAPSULE MERCURY**
La capsule Mercury, réalisée en titane, un métal résistant mais léger, contenait une atmosphère d'oxygène pur. Dans l'espace, l'astronaute pouvait modifier l'orientation de la capsule à l'aide de petits moteurs. À la fin de la mission, trois moteurs à poudre ralentissaient la capsule et provoquaient son retour dans l'atmosphère. Un bouclier thermique sur la face inférieure la protégeait de l'échauffement intense produit par le frottement de l'air dans les couches denses atmosphériques.

Antennes radio assurant les communications avec la base

Capsule de retour se détachant du module instrumental en fin de mission

Réservoirs sphériques contenant l'oxygène et l'azote pour la survie du cosmonaute

Module instrumental contenant les équipements de contrôle du vol orbital

◄ **LE VAISSEAU VOSTOK**
La capsule de retour de Vostok était une sphère d'acier protégée par un revêtement résistant à la chaleur. Elle contenait les équipements de survie, le matériel de prise de vues vidéo et photographique, la radio pour la liaison avec la base, les tableaux de contrôle et de commande, de la nourriture et de l'eau. Elle était assujettie au module instrumental par quatre cerclages métalliques et se libérait juste avant la rentrée dans l'atmosphère.

Astronautique

CARACTÉRISTIQUES DE VOSTOK

Hauteur : 7,35 m	
Diamètre : 2,50 m	
Masse : 4 725 kg	
Équipage : un seul cosmonaute	
Lanceur : Vostok 8K72K (également appelé A-1)	
Missions habitées : six vols orbitaux	
Mission la plus longue : 4 jours 23 heures et 6 minutes pour Vostok 5 (81 révolutions sur orbite)	
Retour : une fois la capsule suffisamment freinée par les couches de l'atmosphère, le cosmonaute était largué à l'aide d'un siège éjectable et redescendait au sol en parachute.	

A L'INTÉRIEUR DE VOSKHOD ▲

Pour loger trois personnes dans la capsule Voskhod, les sièges éjectables et nombre d'équipements furent supprimés. La place disponible restant très exiguë, l'équipage ne portait pas de vêtement de protection étanche pour le décollage et le retour. Voskhod 2 était doté d'un sas grâce auquel l'un des membres d'équipage put réaliser la première sortie dans l'espace.

CARACTÉRISTIQUES DE VOSKHOD

Hauteur : 5 m	
Diamètre : 2,43 m	
Masse : jusqu'à 5 682 kg	
Équipage : deux ou trois hommes	
Lanceur : Voskhod 11A57 (également appelé A-2)	
Missions habitées : deux vols orbitaux	
Mission la plus longue : 1 jour 2 heures et 2 minutes pour Voskhod 2 (17 révolutions sur orbite)	
Atterrissage : freinage jusqu'au sol par parachutes, l'équipage restant à bord.	

▲ LA CAPSULE VOSKHOD

Entre la dernière mission Vostok et le début du programme Soyouz, l'Union soviétique a envoyé dans l'espace deux missions habitées à bord d'une capsule Vostok modifiée, appelée Voskhod. Celle-ci fut la première capable d'emporter plus d'un membre d'équipage. Au contraire de Vostok, la capsule Voskhod atterrissait freinée par des parachutes, avec l'équipage encore à bord. Au moment de toucher le sol, des fusées étaient mises à feu pour freiner l'appareil et adoucir le choc final.

CARACTÉRISTIQUES DE GEMINI

Hauteur : 5,61 m	
Diamètre de la base : 3,05 m	
Masse : 3760 kg	
Équipage : deux astronautes	
Lanceur : Titan 2	
Missions habitées : dix missions orbitales	
Mission la plus longue : 13 jours 18 heures et 35 minutes pour Gemini 7 (206 révolutions sur orbite)	
Retour : module de rentrée dans l'atmosphère freiné par des parachutes. Récupération dans l'océan, l'équipage restant à bord.	

LE MODULE DE RETOUR GEMINI ▶

À la fin de la mission, après que la capsule se soit posée dans l'océan, des plongeurs étaient largués depuis un hélicoptère pour y fixer un flotteur et aider les astronautes à monter dans un canot de sauvetage. Le vaisseau Gemini comprenait deux sections. Le module de rentrée dans l'atmosphère (ci-contre) transportait les deux astronautes. Il était fixé par sa base à un module technique de plus grande taille qui renfermait l'équipement électrique et les éléments de survie.

La fluorescéine, un colorant vert largué après l'amerrissage, facilitait le repérage de la capsule depuis les airs.

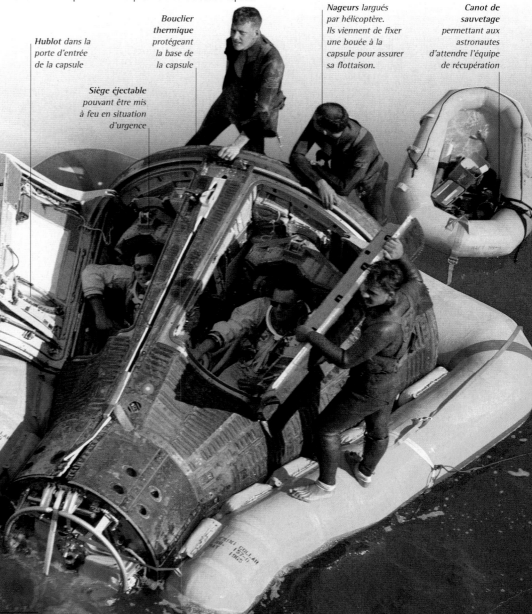

Hublot dans la porte d'entrée de la capsule

Siège éjectable pouvant être mis à feu en situation d'urgence

Bouclier thermique protégeant la base de la capsule

Nageurs largués par hélicoptère. Ils viennent de fixer une bouée à la capsule pour assurer sa flottaison.

Canot de sauvetage permettant aux astronautes d'attendre l'équipe de récupération

L'HOMME DANS L'ESPACE

En 1957, lorsque les Soviétiques commencèrent à envoyer des animaux dans l'espace, il devint clair que des vols humains étaient en préparation. Moins de quatre ans plus tard, Youri Gagarine devint le premier homme dans l'espace suivi, durant les vingt-six mois suivants, par douze Américains et Soviétiques. Les missions soviétiques étaient entourées de mystère, mais les vols américains étaient très médiatisés. Deux vols suborbitaux (n'effectuant pas un tour complet de la Terre) avec Alan Shepard et Gus Grissom furent suivis par quatre vols orbitaux avec John Glenn, Scott Carpenter, Wally Schirra et Gordon Cooper.

◀ GAGARINE, LE PIONNIER

À 9 h 06 (heure de Moscou), le 12 avril 1961, Youri Gagarine entendit le grondement des moteurs de la fusée qui propulsait dans l'espace sa capsule Vostok 1. Neuf minutes plus tard, il était en orbite. Tandis que sa capsule tournait lentement sur elle-même, il pouvait alternativement contempler le ciel noir, la Terre bleue et l'insoutenable brillance du Soleil. Après une seule orbite, il redescendit au sol.

LE SUCCÈS SOVIÉTIQUE ▶

Ce trio de cosmonautes plaisante avec le Premier ministre soviétique Nikita Khrouchtchev : Andrian Nikolayev était le troisième cosmonaute (après Gagarine et Gherman Titov) à être placé en orbite à bord de Vostok 3 le 11 août 1962, bouclant 64 orbites au cours d'un vol de près de quatre jours. Valentina Tereshkova devint la première femme dans l'espace, le 6 juin 1963.

LA PREMIÈRE PAGE DES JOURNAUX ▶

Conséquence de son vol historique, Gagarine passa en une nuit du statut d'obscur officier des Forces aériennes soviétiques à celui de d'homme le plus célèbre du monde. Son portrait figurait à la une de tous les magazines et tout le monde voulait le rencontrer : où qu'il aille, la foule se pressait sur son passage. En Angleterre, il fut invité à déjeuner par la Reine.

Nikita Khrouchtchev   *Valentina Tereshkova*   *Andrian Nikolayev*

Youri Gagarine

◀ LE LANCEMENT DE MERCURY 3

Le 5 mai 1961, une fusée Redstone propulsa Alan Shepard dans l'espace pour le premier vol habité américain, Mercury 3. Cette fusée n'était pas assez puissante pour placer la capsule de Shepard, nommée Freedom 7, sur orbite. Elle plafonna à l'altitude de 187 km puis redescendit vers la Terre, tombant dans l'océan Atlantique 15 minutes après le décollage, à 488 km de la base de lancement située en Floride.

LE PREMIER AMERICAIN DANS L'ESPACE ▶

Alan Shepard était pilote d'essai dans la Marine américaine avant de rejoindre la NASA. Le succès de son vol Mercury lui valut d'être désigné pour la première mission Gemini. Malheureusement, il fut contraint de cesser de voler en raison d'un problème d'oreille interne. Après une opération chirurgicale réussie en 1969, il renoua avec l'espace : moins de dix ans après sa mission Mercury, il marcha sur la Lune en tant que commandant de la mission Apollo 14.

ANIMAUX DANS L'ESPACE

Les premiers passagers des capsules furent des animaux et non des humains. Ils étaient utilisés pour vérifier qu'il était possible de survivre au vol spatial et pour tester les lanceurs et les capsules. Les Soviétiques utilisèrent surtout des chiens, les Américains des chimpanzés.

LES CHIENS

Le premier animal dans l'espace fut la chienne Laïka, à bord du satellite soviétique Spoutnik 2, lancé le 3 novembre 1957. Plusieurs autres vols embarquant des chiens permirent de tester la capsule Vostok.

LES CHIMPANZÉS

Ham fut l'un des chimpanzés les plus connus de ceux qui ont participé aux débuts du programme spatial américain. Il fut lancé a bord d'une capsule Mercury pour un vol suborbital, le 31 janvier 1961.

LES SOURIS

Des animaux sont régulièrement transportés dans l'espace comme sujets d'expériences. En 2001, la navette spatiale transportait quelques souris pour tester une protéine qui pourrait un jour permettre de combattre la perte de masse osseuse durant les longues missions en apesanteur.

LES ARAIGNÉES

Skylab 3 transportait deux araignées, appelées Anita et Arabella. Les scientifiques voulaient vérifier leur capacité à tisser une toile en apesanteur ; elles y sont parvenu. Le dernier vol de la navette Columbia, qui explosa au décollage, transportait lui aussi des araignées.

La capsule de John Glenn avait été baptisée Friendship 7 («Amitié»).

Une baie remplaçait les deux petits hublots des capsules antérieures.

L'écoutille était fermée hermétiquement par un capot maintenu grâce à 70 écrous.

▲ LE PREMIER AMÉRICAIN EN ORBITE

Le 20 février 1962, l'astronaute américain John Glenn se glissait dans la capsule de la mission Mercury 6. À 9 h 47, les moteurs de sa fusée Atlas étaient mis à feu, le propulsant dans l'espace. Durant le vol, un indicateur signala que le bouclier thermique paraissait mal arrimé, faisant courir le risque d'une désintégration lors de la rentrée dans l'atmosphère. On demanda alors à Glenn de ne pas larguer ses rétrofusées car elles pouvaient contribuer à maintenir le bouclier en place. Il se posa sans dommage : Il s'agissait en fait d'une fausse alerte due à un indicateur défectueux.

La capsule de John Glenn, Friendship 7

Le président Kennedy décorant John Glenn

◄ CÉLÉBRÉ COMME UN HÉROS

Trois jours après le vol de John Glenn, le président John F. Kennedy lui décerna la «Distinguished Service Medal» en récompense de sa réussite. La cérémonie eut lieu sur la base de lancement de Cap Canaveral, en Floride. Un mois plus tard, le 1er mars 1962, quatre millions de personnes se rassemblèrent à New York pour fêter la venue de Glenn au siège des Nations unies.

@ ▶▶ Astronautique

LA COURSE À L'ESPACE

Le succès précoce de l'Union soviétique dans la conquête de l'espace surprit les États-Unis. En 1961, le président américain nouvellement élu, John F. Kennedy, s'interrogeait sur la conduite à tenir. Certains conseillers le pressaient d'abandonner les projets spatiaux en raison de l'avance écrasante que semblaient avoir prise les Soviétiques. Mais Kennedy était confiant dans la capacité technologique de son pays : il pensait pouvoir rattraper et même dépasser l'Union soviétique dans la conquête de l'espace, qui, dans un contexte de Guerre Froide, cessait dès lors d'être un simple challenge technologique pour devenir le symbole de l'orgueil national. La course à l'espace venait de commencer, chaque protagoniste rêvant d'être le premier à envoyer un homme sur la Lune.

▲ KHROUCHTCHEV AU POUVOIR
Le Premier ministre Nikita Khrouchtchev était à la tête de l'Union soviétique au début de la course à l'espace. Il tirait une immense fierté de la supériorité – qui éclatait à la face du monde – de la technologie soviétique sur celle des États-Unis : un satellite russe venait de survoler le territoire américain, suivi, en avril 1961, du premier vol de Gagarine. Les «premières» étaient alors soviétiques!

Conquête
de l'espace

KENNEDY SE LANCE DANS L'ESPACE ▲
Le 25 mai 1961, le président américain John F. Kennedy prononça son discours historique devant le Congrès, engageant les États-Unis dans un projet visant à poser un homme sur la Lune au cours des années 1960. Le pari était extrêmement audacieux car les Américains n'avaient même pas encore placé un astronaute en orbite terrestre! Kennedy affirma : «Aucun autre projet spatial durant cette période ne sera plus marquant pour l'humanité ni plus important à long terme pour l'exploration de l'espace.»

LA COURSE COMMENCE

L'événement qui déclencha la course à l'espace fut le lancement du premier satellite artificiel, Spoutnik 1, le 4 octobre 1957. Spoutnik 1 n'était qu'une sphère métallique sans danger, qui se contentait d'émettre un «bip» en passant au-dessus de nos têtes. Mais il inquiétait les Américains pour deux raisons : il démontrait la réelle avance technologique des Soviétiques et prouvait que l'Union soviétique disposait de lanceurs de longue portée, suffisamment puissants pour survoler le territoire des États-Unis, le surveiller et, éventuellement, mener une attaque nucléaire.

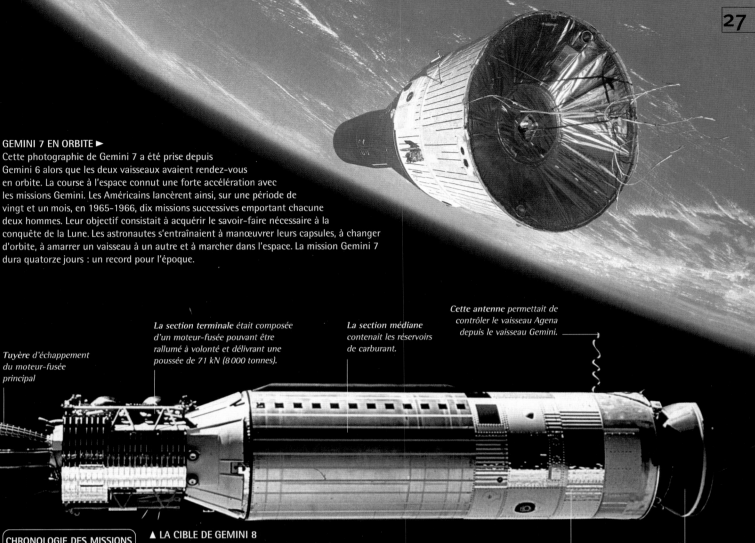

GEMINI 7 EN ORBITE ►
Cette photographie de Gemini 7 a été prise depuis
Gemini 6 alors que les deux vaisseaux avaient rendez-vous
en orbite. La course à l'espace connut une forte accélération avec
les missions Gemini. Les Américains lancèrent ainsi, sur une période de
vingt et un mois, en 1965-1966, dix missions successives emportant chacune
deux hommes. Leur objectif consistait à acquérir le savoir-faire nécessaire à la
conquête de la Lune. Les astronautes s'entraînaient à manœuvrer leurs capsules, à changer
d'orbite, à amarrer un vaisseau à un autre et à marcher dans l'espace. La mission Gemini 7
dura quatorze jours : un record pour l'époque.

*Cette antenne permettait de
contrôler le vaisseau Agena
depuis le vaisseau Gemini.*

*La section terminale était composée
d'un moteur-fusée pouvant être
rallumé à volonté et délivrant une
poussée de 71 kN (8 000 tonnes).*

*La section médiane
contenait les réservoirs
de carburant.*

*Tuyère d'échappement
du moteur-fusée
principal*

*La section antérieure
contenait les dispositifs
de guidage et de contrôle
électroniques.*

*Cône d'amarrage
destiné à recevoir
le vaisseau Gemini
lors du rendez-vous*

CHRONOLOGIE DES MISSIONS	
URSS	USA
1961 ●	
Vostok 1	
	Mercury 3
	Mercury 4
Vostok 2	
1962 ●	
	Mercury 6
	Mercury 7
Vostok 3 + 4	
	Mercury 8
1963 ●	
	Mercury 9
Vostok 5 + 6	
1964 ●	
Voskhod 1	
1965 ●	
Voskhod 2	
	Gemini 3
	Gemini 4
	Gemini 5
	Gemini 6 + 7
1966 ●	
	Gemini 8
	Gemini 9
	Gemini 10
	Gemini 11
	Gemini 12
1967 ●	
Soyouz 1	

▲ LA CIBLE DE GEMINI 8
L'astronaute américain David Scott est l'auteur
de cette photo d'une fusée Agena flottant dans
l'espace, prise au cours de la mission Gemini 8.
Tandis qu'il prenait la photo, son pilote,
Neil Armstrong, dirigeait leur vaisseau vers
l'Agena pour s'y arrimer : une première ! Mais
leur triomphe fut de courte durée : l'une des
fusées d'orientation resta allumée, provoquant la
rotation rapide des deux vaisseaux. Pour se tirer
de cette situation dangereuse, Armstrong se
désaccoupla d'Agena, parvint à éteindre la fusée
défectueuse et utilisa un système de secours
de Gemini 8 pour interrompre sa folle rotation.

ENFIN LA COOPÉRATION ►
L'astronaute américain Donald Slayton et le
cosmonaute soviétique Alexeï Leonov prennent
la pose au cours de la mission Apollo-Soyouz,
en 1975. Après la conquête de la Lune, qui
marqua la fin de course à l'espace,
les Américains et les Soviétiques commencèrent
à coopérer. Durant cette mission, un vaisseau
Appolo s'arrima à un vaisseau Soyouz,
permettant aux équipages de se rendre
mutuellement visite et de réaliser des
expériences communes. Slayton était l'un
des sept premiers Américains sélectionnés pour
l'entraînement à l'espace en 1959, mais il dut
attendre 16 ans son premier vol.

LE PROGRAMME APOLLO

Le programme devant conduire le premier astronaute américain sur la Lune était baptisé Apollo. Les vaisseaux Apollo étaient constitués de trois éléments ou modules, lancés par la fusée géante Saturn V. Le minuscule module de commande (CM) offrait l'espace de vie aux trois membres de l'équipage. Pendant la plus grande partie de la mission, il était amarré au module de service (SM) contenant la propulsion, l'alimentation électrique et les dispositifs de survie. Deux astronautes devaient descendre sur la Lune à bord du module lunaire (ou LM), aux allures d'insecte, tandis que le troisième restait en orbite dans le module de commande.

Le module de commande renfermait les trois astronautes lors des missions habitées.

L'adaptateur était conçu pour abriter le module lunaire.

Le troisième étage plaçait le vaisseau en orbite, puis, à partir de la mission Apollo 8, l'envoyait vers la Lune.

Le deuxième étage propulsait le véhicule à l'altitude de 185 km.

◄ LE DÉCOLLAGE D'APOLLO 4

Une fusée Saturn V s'élève du pas de tir pour lancer le vol inhabité Apollo 4, première mission du programme Apollo, le 9 novembre 1967. 8,9 secondes avant le décollage, les moteurs du premier étage avaient été mis à feu. 6 secondes plus tard, les spectateurs furent frappés par un rugissement terrifiant. Lorsque le compte à rebours atteignit zéro, les ordinateurs libérèrent la fusée qui commença à s'élever lentement. L'orbite de 185 km d'altitude atteinte, le troisième étage fut, à son tour, mis à feu et propulsa le vaisseau Apollo à une altitude supérieure. Cette première mission fut un grand succès.

@ ►► Apollo

Le premier étage se séparait environ 150 secondes après le décollage.

L'adaptateur s'ouvrait en quatre panneaux pour libérer le module lunaire.

Les moteurs du premier étage brûlaient du kérosène et de l'oxygène liquide pour propulser le véhicule jusqu'à 60 km d'altitude.

▲ APOLLO 7

Le troisième étage de la fusée Saturn V utilisé pour la mission Apollo 7 est montré ici après ouverture des panneaux de l'adaptateur. Au départ des missions destinées à se poser sur la Lune, l'adaptateur devait héberger le module lunaire. Mais pour Apollo 7, il était resté vide. L'équipage répéta néanmoins toutes les manœuvres visant à en extraire le module lunaire. La mission Apollo 7 dura presque 11 jours et fut un succès malgré les refroidissements contractés dans l'espace par les trois membres de l'équipage.

CARACTÉRISTIQUES D'APOLLO-SATURN V
LE VAISSEAU APOLLO
Module de commande (CM) Longueur : 3,5 m – Masse : 5,8 tonnes
Module de service (SM) Longueur : 7,6 m – Masse : 24,5 tonnes
Module lunaire (LM) Longueur : 6,4 m – Masse : 15 tonnes
LA FUSÉE SATURN V
Premier étage Hauteur : 42 m – Masse : 2 287 tonnes
Deuxième étage Hauteur : 25 m – Masse : 488 tonnes
Troisième étage Hauteur : 18 m – Masse : 119 tonnes
Apollo + Saturn V Hauteur totale : 111 m – Masse : 3 000 tonnes

CLAIR DE TERRE DEPUIS APOLLO 8 ▲

Cette extraordinaire photographie montrant la planète Terre au-dessus de l'horizon lunaire a été prise par Frank Borman depuis le module de commande d'Apollo 8, la première mission habitée à se placer en orbite lunaire. Borman, James Lovell et Bill Anders effectuèrent dix fois le tour de la Lune les 24 et 25 décembre 1968 et assurèrent la retransmission vers la Terre des premières images télévisées de la surface de notre satellite. Dès lors, il ne restait plus qu'à tester le module lunaire (LM) lui-même.

◄ RÉPÉTITION GÉNÉRALE

Cette photo du module de commande et de service (CSM) d'Apollo 10 a été prise par un membre d'équipage du module lunaire (LM). La mission Apollo 10 devait répéter toutes les phases du voyage, à l'exception de l'alunissage lui-même. Une fois le vaisseau en orbite lunaire, deux astronautes descendirent dans le LM jusqu'à l'altitude de 14,5 km. La partie supérieure du LM, l'étage de remontée, se sépara alors de l'étage inférieur (utilisé pour la descente) et rejoignit le CSM resté en orbite, pour le vol de retour vers la Terre.

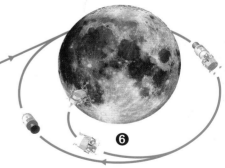

Le troisième étage est abandonné.

Module lunaire (LM)

Module de commande et de service (CSM)

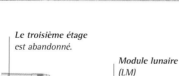

❶ *Après être resté en orbite autour de la Terre, le 3e étage propulse le vaisseau vers la Lune.*

❷ *Le module de commande et de service (CSM) se sépare du 3e étage et se retourne. Dans le même temps, le 3e étage largue les panneaux de l'adaptateur, exposant le LM.*

❸ *Lui faisant désormais face, le CSM se réamarre au 3e étage, directement sur le module lunaire (LM).*

❹ *Le CSM et le LM se retournent. Le 3e étage est largué.*

❺ *Le vaisseau est prêt à manœuvrer pour se placer en orbite lunaire.*

❻ *Le LM se sépare du CSM et va se poser à la surface de la Lune.*

▲ DE LA TERRE À LA LUNE

Le vaisseau Apollo a dû réaliser une succession complexe de manœuvres pour permettre un alunissage. Il devait pivoter et être guidé avec une grande précision. Un contrôle précis de la position et de la vitesse était indispensable pour l'amarrage du module de commande et de service (CSM) au module lunaire (LM). Pour contrôler le vaisseau, l'équipage disposait de petites fusées de positionnement disposées autour des appareils. Le moteur principal du module de service était employé pour les manœuvres nécessitant une plus grande puissance, comme l'entrée et la sortie de l'orbite lunaire.

Le matin du 16 juillet 1969, près de un million de personnes se rassemblèrent autour du centre spatial Kennedy. Derrière leur récepteur de télévision, des centaines de millions d'autres – le cinquième de la population de la Terre – assistaient en direct à un événement historique. À 9 h 32, heure locale, dans un monstrueux rugissement, Apollo 11 s'éleva du pas de tir 39A dans le ciel bleu clair, emportant les premiers explorateurs de l'histoire humaine en partance pour une autre planète. Quatre jours plus tard, Neil Armstrong puis Edwin Aldrin posaient le pied sur la surface de la Lune.

Aldrin équipé de son scaphandre complet pesait 27 kg à la surface de la Lune, un sixième de son poids sur Terre.

Neil Armstrong et le module lunaire se reflètent dans la visière d'Aldrin, revêtue d'un traitement à l'or pour arrêter le rayonnement calorifique.

L'unité de contrôle permettait à Aldrin d'ajuster les paramètres vitaux de son scaphandre et ses systèmes de communication radio.

Le scaphandre est constitué de couches successives de fibres artificielles très résistantes.

◄ L'UNE DES EMPREINTES DE NEIL ARMSTRONG
En sautant de la dernière marche de l'échelle de coupée du LM, Neil Armstrong imprima la première trace de pied humain sur le sol lunaire. La fine poussière grise enregistra les empreintes des hommes qui marchèrent sur la Lune à la perfection. Sans pluie ni vent pour les effacer, elles pourraient être encore visibles dans dix millions d'années. Seuls des tremblements du sol ou des impacts de météorites pourraient les effacer au fil du temps.

«Un petit pas pour l'homme ; un bond de géant pour l'humanité"
Neil Armstrong

DES PIERRES DE LUNE ►
Sur la surface de la Lune, Armstrong et Aldrin installèrent plusieurs appareils scientifiques, notamment un sismographe destiné à détecter les tremblements du sol. Ils collectèrent aussi 21,7 kg de terre et de roches lunaires. Après le départ des astronautes, les appareils continuèrent de fonctionner et d'envoyer leurs données à la Terre par radio, des panneaux solaires assurant leur alimentation électrique.

supérieure le transfert s le module commande

tection servoir rburant moteur montée

◄ L'AIGLE S'EST POSÉ
Une fois que les deux astronautes eurent pris pied sur la Lune, Aldrin commença à décharger les équipements des soutes de Eagle («Aigle»), nom donné au module lunaire. L'alunissage d'Eagle, six heures plus tôt, faillit ne pas avoir lieu : en s'approchant du sol, Armstrong, ayant remarqué de gros rochers, décida de survoler la surface à la recherche d'une zone dégagée. Lorsqu'il se posa finalement, il ne restait que 20 secondes d'autonomie de carburant avant que l'alunissage ne soit interrompu et Eagle renvoyé en orbite vers le module de commande.

ALDRIN SUR LA LUNE ►
Aldrin et Armstrong ont passé plus de 21 heures sur la Lune, réalisant notamment une marche de deux heures et demi. Tout était nouveau pour eux : ils frappèrent le sol pour vérifier l'épaisseur de la couche de poussière, essayèrent différentes manières de se déplacer sous la faible gravité lunaire, prirent des photos et plantèrent le drapeau américain.

Les surbottes comportant des semelles crantées en caoutchouc siliconé étaient portées par-dessus des bottes classiques.

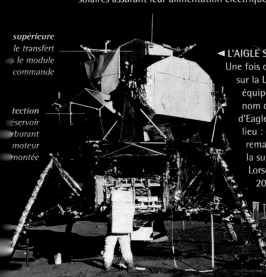

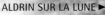

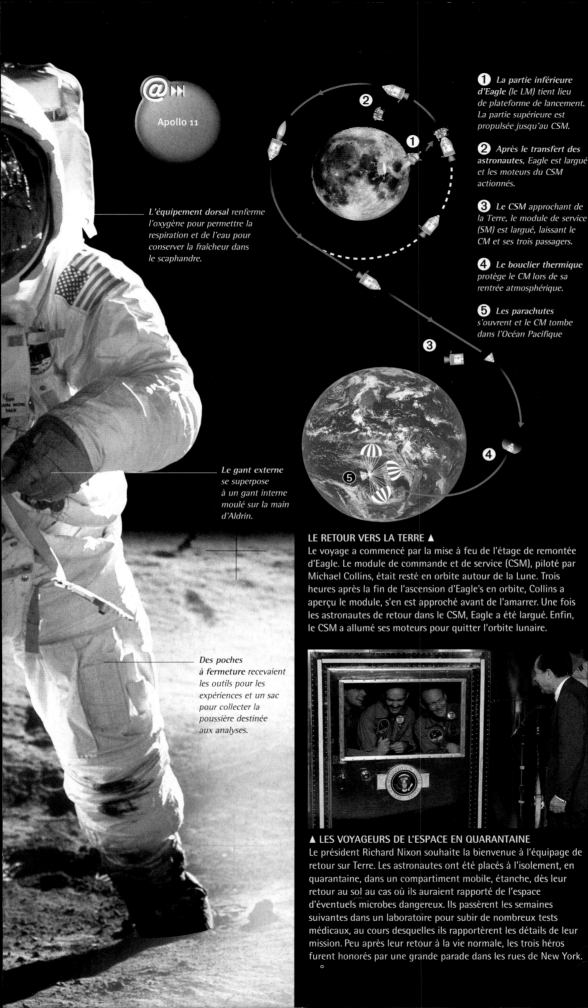

@ ▶▶

Apollo 11

L'équipement dorsal renferme l'oxygène pour permettre la respiration et de l'eau pour conserver la fraîcheur dans le scaphandre.

1 *La partie inférieure d'Eagle (le LM) tient lieu de plateforme de lancement. La partie supérieure est propulsée jusqu'au CSM.*

2 *Après le transfert des astronautes, Eagle est largué et les moteurs du CSM actionnés.*

3 *Le CSM approchant de la Terre, le module de service (SM) est largué, laissant le CM et ses trois passagers.*

4 *Le bouclier thermique protège le CM lors de sa rentrée atmosphérique.*

5 *Les parachutes s'ouvrent et le CM tombe dans l'Océan Pacifique*

Le gant externe se superpose à un gant interne moulé sur la main d'Aldrin.

Des poches à fermeture recevaient les outils pour les expériences et un sac pour collecter la poussière destinée aux analyses.

LE RETOUR VERS LA TERRE ▲

Le voyage a commencé par la mise à feu de l'étage de remontée d'Eagle. Le module de commande et de service (CSM), piloté par Michael Collins, était resté en orbite autour de la Lune. Trois heures après la fin de l'ascension d'Eagle's en orbite, Collins a aperçu le module, s'en est approché avant de l'amarrer. Une fois les astronautes de retour dans le CSM, Eagle a été largué. Enfin, le CSM a allumé ses moteurs pour quitter l'orbite lunaire.

▲ LES VOYAGEURS DE L'ESPACE EN QUARANTAINE

Le président Richard Nixon souhaite la bienvenue à l'équipage de retour sur Terre. Les astronautes ont été placés à l'isolement, en quarantaine, dans un compartiment mobile, étanche, dès leur retour au sol au cas où ils auraient rapporté de l'espace d'éventuels microbes dangereux. Ils passèrent les semaines suivantes dans un laboratoire pour subir de nombreux tests médicaux, au cours desquelles ils rapportèrent les détails de leur mission. Peu après leur retour à la vie normale, les trois héros furent honorés par une grande parade dans les rues de New York.

LES MISSIONS LUNAIRES

Après Apollo 11, six autres missions furent lancées. Toutes sauf Apollo 13 se sont posées avec succès en différents endroits sur la Lune.

APOLLO 12

Frappée par des éclairs d'orage au décollage mais sans dégâts, Apollo 12 a déposé deux astronautes dans l'Océan des Tempêtes, en novembre 1969.

Alan Bean, pilote du module lunaire d'Apollo 12

APOLLO 13

Une explosion dans le vaisseau contraignit à abandonner l'alunissage en avril 1970. l'équipage parvint à rejoindre la Terre sain et sauf.

APOLLO 14

Allunit dans la région du cratère Fra Mauro en février 1971. Apollo 14 était commandé par Alan Shepard, le premier astronaute américain.

Le CM après l'amerrissage

APOLLO 15

Allunit dans la rainure de Hadley, au pied des monts Apennins en juillet 1971. Apollo 15 était la première de trois missions scientifiques et la première à emporter un véhicule motorisé (rover).

APOLLO 16

Se posa dans la région élevée du cratère Descartes en avril 1972. John Young, le commandant, déjà présent sur Apollo 10, était le premier astronaute à assurer une deuxième mission lunaire.

APOLLO 17

Allunit entre les monts Taurus et le cratère Littrow en décembre 1972. Apollo 17 fut la dernière des missions lunaires habitées.

L'astronaute Cernan sur le véhicule lunaire

Le dispositif de sauvetage est mis à feu pour arracher le vaisseau à la fusée en cas d'accident au décollage.

Une coiffe protège le vaisseau au décollage.

Le vaisseau Soyouz peut emporter trois cosmonautes.

LE PROGRAMME SOYOUZ

Le vaisseau Soyouz a fait son apparition en 1967. Depuis lors, il a subi de nombreuses modifications et mises à jour. Une version améliorée, appelée Soyouz TM, a été développée en 1986 pour transporter les équipages jusqu'à la station Mir. Soyouz TMA, quant à lui, assure le ravitaillement de la Station spatiale internationale. La plupart des Soyouz transportent un équipage de deux ou trois cosmonautes.
Une version inhabitée, baptisée Progress, sert de cargo de ravitaillement pour apporter la nourriture, l'eau et le carburant aux stations spatiales.

LE DÉCOLLAGE DE SOYOUZ ►
Photographié quelques instants après le décollage, ce vaisseau Soyouz s'élève vers son orbite. Il est lancé par une fusée à trois étages. Le premier étage est composé des boosters disposés à la base, autour de la section centrale principale, qui constitue le deuxième étage. Les premier et deuxième étages sont mis à feu simultanément au décollage. Presque cinq minutes après le lancement, le troisième étage est allumé pour placer le satellite sur son orbite. Si nécessaire, un quatrième étage optionnel, Fregat, est utilisé pour lancer des satellites ou des sondes interplanétaires.

Le module de descente contient les dispositifs de commande.

Le module orbital est le plus gros et procure l'espace de vie pour l'équipage.

Le troisième étage brûle pendant environ 4 minutes.

LE VAISSEAU SOYOUZ ►
Un vaisseau Soyouz est constitué de trois modules. Lorsqu'il est en orbite, l'équipage travaille et dort dans le module orbital. À son extrémité antérieure, celui-ci comporte un dispositif d'arrimage aux stations spatiales. De l'autre côté, un passage donne accès au module de descente, en forme de cloche, le seul élément du vaisseau Soyouz à redescendre sur Terre. À l'extrémité postérieure du vaisseau, le module des instruments et de la propulsion renferme les moteurs principaux.

Le deuxième étage (section centrale principale) brûle pendant 290 secondes, puis est largué.

Les boosters formant le premier étage brûlent pendant 118 secondes avant de se détacher.

Le module des instruments et de propulsion porte les panneaux solaires.

À L'INTÉRIEUR DE SOYOUZ ▲
Un cosmonaute s'installe dans son siège à l'intérieur du module de descente Soyouz dont le volume habitable n'est que de 4 m³, soit à peu près les deux tiers de la place disponible dans un module de commande Apollo. Chaque membre d'équipage dispose d'un siège moulé à sa morphologie : une précaution essentielle pour garantir la sécurité au décollage et à l'atterrissage. Les tableaux de commande des derniers Soyouz comportent désormais des écrans d'ordinateur en couleur.

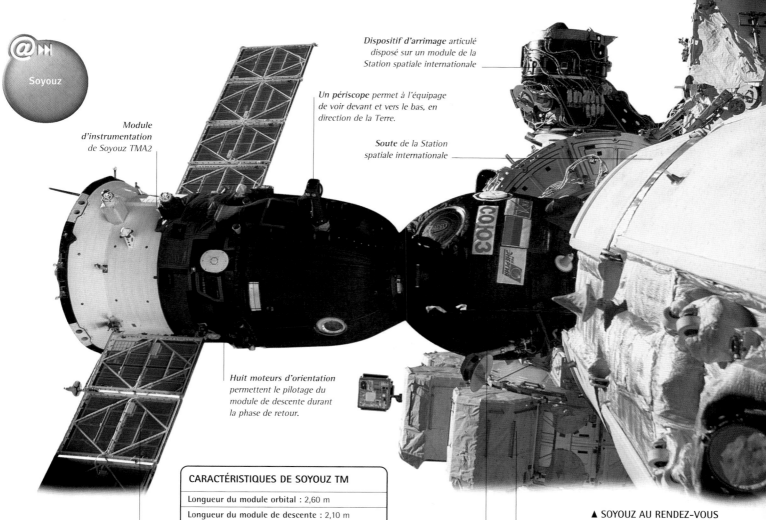

Dispositif d'arrimage articulé disposé sur un module de la Station spatiale internationale

Un **périscope** permet à l'équipage de voir devant et vers le bas, en direction de la Terre.

Soute de la Station spatiale internationale

Module d'instrumentation de Soyouz TMA2

Huit moteurs d'orientation permettent le pilotage du module de descente durant la phase de retour.

Les **panneaux solaires** se déploient sur une longueur de 4,20 m dans l'espace.

Le **module orbital** est équipé de systèmes d'arrimage.

Réservoir de gaz à l'extérieur d'un sas

CARACTÉRISTIQUES DE SOYOUZ TM

Longueur du module orbital : 2,60 m	
Longueur du module de descente : 2,10 m	
Longueur du module instrumental : 2,50 m	
Longueur totale : 7 m	
Diamètre des modules habitables : 2,20 m	
Diamètre maximum : 2,70 m	
Envergure des panneaux solaires : 10,60 m	
Volume habitable : 10 m³	
Équipage : deux ou trois hommes	
Masse : 7 070 kg	

▲ SOYOUZ AU RENDEZ-VOUS

Ce vaisseau Soyouz s'est arrimé à la Station spatiale internationale (ISS) en avril 2003, après un voyage de deux jours depuis la Terre. L'équipage de l'« Expédition Sept » qu'il y déposa séjourna dans la station spatiale pendant six mois. À cette époque, les vaisseaux Soyouz étaient le seul moyen de renouveler les équipages de l'ISS, la Navette spatiale américaine étant clouée au sol après l'accident tragique de Columbia.

L'ATTERRISSAGE DE SOYOUZ

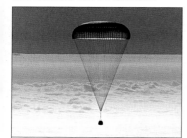

LES PARACHUTES SE DÉPLOIENT
Après sa rentrée dans l'atmosphère, le module de descente Soyouz libère une série de parachutes afin de freiner la descente par étapes. Deux parachutes stabilisateurs s'ouvrent d'abord, le second libérant un parachute de freinage qui ralentit le module à moins de 300 km/h. Enfin, le parachute principal de 1 000 m² se déploie pour réduire la vitesse à 25 km/h.

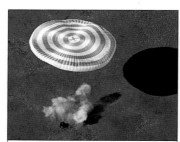

LE FREINAGE PAR RÉTROFUSÉES
Le parachute maintient le module de descente sous un angle de 30° afin d'offrir la plus grande surface de contact possible avec le flux d'air et accélérer son refroidissement. Puis le module est placé en position verticale. Juste avant le contact final (à seulement 1 m du sol), six fusées sont mises à feu pour réduire sa vitesse à 5 km/h au moment de l'impact.

LE CONTACT AVEC LE SOL
Plus de trois heures après s'être détaché du vaisseau, le module de descente Soyouz touche le sol. Des absorbeurs de choc disposés dans les sièges de l'équipage amortissent la rudesse du choc final. Les cosmonautes et les astronautes décrivent l'atterrissage à bord du dernier modèle de Soyouz comme « doux ».

LA RÉCUPÉRATION
Le module de descente de Soyouz se pose dans les steppes du Kazakhstan, au nord-est du cosmodrome de Baïkonour, d'où s'effectue le lancement. Aussitôt après l'atterrissage, arrivent des hélicoptères transportant les experts médicaux. On aide les membres d'équipage à sortir du module et on les place dans de confortables sièges où ils se reposent en attendant de subir un examen médical.

LA NAVETTE SPATIALE

La Navette spatiale est le premier «avion de l'espace». Elle décolle à la manière d'une fusée, peut passer un mois en orbite et atterrit comme un avion de ligne. Volant à 28 800 km/h, elle peut transporter sept astronautes. Sa vaste soute reçoit du matériel d'expérimentation scientifique, divers équipements et des satellites. Ces derniers sont largués dans l'espace à l'aide d'un bras manipulateur articulé, commandé depuis la cabine. Cinq Navettes ont été construites : d'abord Columbia, qui effectua son premier vol le 12 avril 1981 depuis le Centre Spatial Kennedy, en Floride, puis Challenger, Discovery, Atlantis et enfin Endeavour, construite en 1992.

CARACTÉRISTIQUES DE LA NAVETTE SPATIALE
Envergure alaire de la Navette : 23,80 m
Longueur de la Navette : 37,20 m
Hauteur de la Navette : 17,30 m
Moteurs principaux : ils pèsent 3 393 kg chacun
Vitesse maximum : 28 800 km/h
Masse : 75 000 kg
Dimensions de la soute : 18,30 m (longueur) x 4,60 m (largeur)
Compartiment de l'équipage : 71,5 m³ de volume habitable
Réservoir extérieur : contient 2 millions de litres de carburant
Boosters : fournissent une poussée de 1,5 million de kilos au décollage
Poids total au décollage : 2 millions de kilos

@ ▶▶ Navette spatiale

LA NAVETTE EN ORBITE ▶

Une fois sur orbite, la Navette ouvre ses portes de soute, doublées par de grands panneaux radiateurs : un fluide de refroidissement absorbe les calories produites par les équipements de la Navette et circule à travers les tubes des radiateurs, longs de 1 500 m, qui évacuent l'excès de chaleur dans l'espace. Les spécialistes de la mission peuvent voir la charge dans la soute à travers des hublots à l'arrière du poste d'équipage.

La tour de lancement s'élève à 106 m au sommet de son paratonnerre.

◀ LE PAS DE TIR

Cette navette dressée sur son pas de tir est prête au décollage. La poussée est produite par deux boosters à poudre latéraux (SRB) et trois moteurs principaux alimentés par le réservoir externe géant (en orange) : leur consommation de fuel et d'oxygène atteint 4 000 litres par seconde. Ce sont pourtant les boosters qui procurent la plus grande part de la puissance nécessaire au décollage

Le réservoir extérieur est protégé par une couche de mousse isolante orange.

Les boosters à poudre fournissent 71% de la poussée nécessaire au décollage.

La Navette est la seule partie de l'ensemble à se placer en orbite.

La soute embarque les charges destinées à être mises en orbite.

USA   NASA Discovery

DE LA TERRE À L'ESPACE

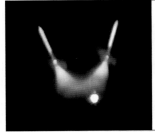

LA SÉPARATION DES BOOSTERS
Deux minutes après le décollage, lorsque la Navette atteint l'altitude de 45 km, les deux boosters à poudre se séparent et retombent en mer. Des fusées situées dans leur nez les écartent rapidement de la Navette, puis des parachutes les freinent tandis qu'ils retombent dans l'océan Atlantique à 225 km des côtes américaines.

LA SÉPARATION DU RÉSERVOIR
Huit minutes après le décollage, les moteurs principaux s'éteignent et, quelques secondes plus tard, le réservoir externe se détache de la Navette. Ce gros réservoir retombe alors lourdement dans l'atmosphère et se brise en morceaux. Certaines parties brûlent, les autres retombent dans l'océan Indien.

LA RÉCUPÉRATION DES BOOSTERS
Freinés par leur parachute, les boosters à poudre retombent en douceur dans l'océan et flottent en attendant l'arrivée des navires de récupération. Les boosters vides sont retournés à leur fabricant qui les vérifie et les recharge avant de les renvoyer au Centre Spatial Kennedy où ils seront utilisés pour une nouvelle mission.

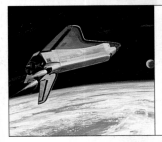

L'INSERTION EN ORBITE
La Navette est maintenant sur une orbite elliptique passant de 65 à 296 km. Au point le plus haut de sa trajectoire, une poussée supplémentaire transforme l'ellipse en orbite circulaire. En l'absence du réservoir externe, les moteurs principaux ne peuvent plus être utilisés : la poussée est produite par deux moteurs secondaires.

Les gouvernes de profondeur permettent le pilotage une fois la Navette rentrée dans l'atmosphère.

La soute peut embarquer des satellites, des équipements et un laboratoire.

Les moteurs orbitaux sont utilisés pour modifier l'altitude de l'orbite.

L'aileron de queue comporte un gouvernail qui s'ouvre en deux pour faire office d'aérofrein.

Les portes de la soute restent ouvertes en orbite pour refroidir la Navette.

Poste de pilotage où se tiennent le commandant et le pilote

Pont intermédiaire où l'équipage travaille, mange et se repose

Des moteurs de positionnement dans le nez et la queue permettent de manœuvrer dans l'espace.

Des radiateurs dans les portes de la soute assurent l'évacuation de la chaleur dans l'espace.

Le cône du nez renferme le train d'atterrissage avant.

À L'INTÉRIEUR DE LA NAVETTE ▲
Dans le poste de pilotage, le commandant de la mission se tient sur le siège de gauche et le pilote sur celui de droite. Le commandant dirige le vaisseau et l'ensemble de la mission, exactement comme le commandant de bord d'un avion de ligne. Il est assisté par le pilote. Le tableau de bord comporte des instruments et des affichages par écran similaires à ceux des avions modernes. Le poste de pilotage comporte deux sièges supplémentaires au deuxième rang. Plus bas, sur le pont intermédiaire, trois autres sièges complètent l'équipement.

Les ailes sont courtes et épaisses pour résister aux énormes contraintes qu'elles supportent lors de la rentrée dans l'atmosphère.

▲ UN VÉHICULE D'EXPLORATION POUR ÉQUIPAGE
Les ingénieurs travaillent aujourd'hui à la mise au point d'un nouveau type de véhicule permettant d'emporter les astronautes jusqu'à la station spatiale, voire plus haut. Le concept comprend un véhicule d'exploration pour équipage (*Crew Exploration Vehicle* ou CEV), représenté ci-dessus. Il s'agit d'une capsule rappelant un peu celle du programme Apollo, lancée par une fusée classique, et non un avion spatial réutilisable. Le CEV est destiné à remplacer la flotte de navettes en fin de carrière, dont deux exemplaires, Challenger et Columbia, ont été perdus corps et bien avec leur équipage.

LE COMPTE À REBOURS

La préparation de la Navette pour une mission débute trois mois avant le lancement et suit un planning immuable et très précis. L'appareil est entièrement révisé, les moteurs principaux sont démontés, remis à neuf et remontés. La Navette peut alors être fixée sur le réservoir extérieur et les boosters, puis transportée jusqu'au pas de tir du Centre Spatial Kennedy, en Floride. Le compte à rebours est déclenché 43 heures avant le lancement. Il peut être suspendu jusqu'à quatre heures afin de résoudre d'éventuels problèmes sans retarder le tir.

▲ LE REMONTAGE DES MOTEURS
Les moteurs principaux sont livrés, après révision, aux ateliers de montage de la Navette et replacés dans la queue.

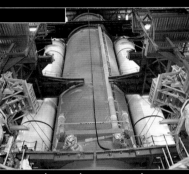

▲ L'ARRIVÉE DU RÉSERVOIR EXTÉRIEUR
Le réservoir, venu de la Nouvelle-Orléans sur une barge, est hissé entre les boosters sur une plateforme de lancement mobile.

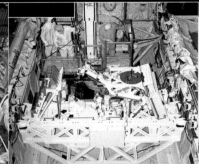

▲ L'INSTALLATION DE LA CHARGE
Certains éléments du chargement de la mission sont installés dans la soute : ici, un bras robotisé destiné à l'ISS.

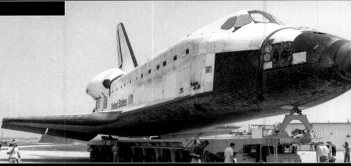

▲ LA LIVRAISON DE LA NAVETTE
La Navette est prête pour sa nouvelle mission. Ses moteurs, tuiles isolantes, systèmes informatiques, instruments et circuits électriques ont été vérifiés. Elle peut être tractée jusqu'au bâtiment d'assemblage des véhicules où moteurs et réservoir l'attendent.

▲ L'ÉTABLISSEMENT DES CONNECTIONS
La Navette est fixée au réservoir en trois points. Les connexions électriques et l'alimentation en carburant sont établies.

▲ MONTAGE TERMINÉ !
Deux à trois semaines avant le lancement, un chariot transporteur conduit lentement l'ensemble au pas de tir.

▲ EN PLACE AU PAS DE TIR
À trois jours du lancement, le compte à rebours est enclenché et l'horloge réglée sur T – 43 heures avant la mise à feu.

▲ L'ARRIVÉE DE L'ÉQUIPAGE
Vêtus de leur combinaison, les membres d'équipage arrivent à la passerelle par un ascenseur et s'installent dans leurs sièges.

▲ LE RETRAIT DE LA PASSERELLE
La passerelle est retirée. Les ordinateurs vérifient l'ensemble des paramètres des milliers de fois par seconde.

▲ EN ALIMENTATION AUTONOME
À 50 s de la mise à feu, l'alimentation externe est débranchée et la Navette bascule sur ses propres batteries.

▲ MISE À FEU DES MOTEURS
Si les ordinateurs de la Navette détectent un problème à la mise à feu du moteur principal, ils interrompent le lancement.

▲ MISE À FEU DES BOOSTERS
Une fois les boosters allumés, il est impossible de les couper : personne ne peut plus interrompre le lancement.

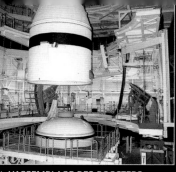

▲ L'ASSEMBLAGE DES BOOSTERS
Une paire de boosters à poudre arrive en
sections séparées de l'Utah. Ils sont montés
dans le bâtiment d'assemblage des véhicules.

▲ LA NAVETTE EST HISSÉE
Une grue géante hisse lentement
les 68 tonnes de la Navette jusqu'à
l'ensemble réservoir externe-boosters.

▲ LA DÉCISION DE LANCEMENT
Les contrôleurs de la mission vérifient toutes
les données pour décider du lancement.
Le compte à rebours reprend à T – 9 minutes.

▲ DÉCOLLAGE
À l'allumage des boosters à poudre, les
longerons maintenant la Navette au pas de
tir sont libérés par des charges explosives.

@ ▶▶
Navette
spatiale

▲ DÉPART POUR L'ESPACE
La mission débute à 00 h 00 m et 00 s.
De la vapeur d'eau et de la fumée
envahissent le pas de tir tandis que la
Navette s'élève : la mission commence.
Aussitôt que la Navette dépasse
le sommet de la tour de lancement,
environ 7 s après le décollage,
le contrôle est transféré du Centre
Spatial Kennedy au centre de contrôle
de la mission, situé à Houston, Texas,
au Centre Spatial Johnson. Ici, les
équipes se relaient sans interruption
pour assurer la veille continue de la
Navette durant sa mission.

LE RETOUR SUR TERRE

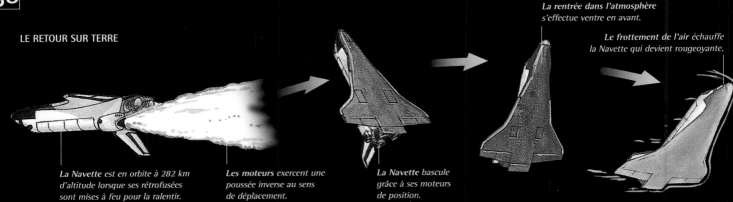

La rentrée dans l'atmosphère s'effectue ventre en avant.

Le frottement de l'air échauffe la Navette qui devient rougeoyante.

La Navette est en orbite à 282 km d'altitude lorsque ses rétrofusées sont mises à feu pour la ralentir.

Les moteurs exercent une poussée inverse au sens de déplacement.

La Navette bascule grâce à ses moteurs de position.

LE RETOUR SUR TERRE

Tout vaisseau revenant sur Terre doit affronter la rentrée dans l'atmosphère. Pour la Navette, le retour commence par un freinage grâce à la mise en route du moteur. La vitesse diminuant, les effets de la gravité recommencent à se faire sentir. La Navette plonge dans les couches supérieures de l'atmosphère à 25 000 km/h, qui est la vitesse de retour de tout véhicule spatial. Mais à une telle vitesse, sans protection adaptée, ils se consumeraient. Les premiers vaisseaux étaient protégés par un bouclier thermique qui se vaporisait lentement : les Soyouz l'utilisent encore, mais ils ne servent qu'une fois. La Navette recourt à divers matériaux réutilisables, résistants à la chaleur.

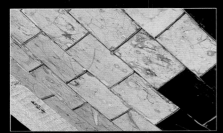

▲ LES TUILES DE PROTECTION

Près de 25 000 tuiles isolantes et autres matériaux résistants aux très hautes températures protègent la Navette de l'échauffement extrême, provoqué par le frottement avec les molécules d'air, lors du retour dans l'atmosphère. La structure du véhicule est réalisée en aluminium, qui ne doit pas dépasser 175 °C, alors que certaines parties exposées atteignent 1 260 °C. Les tuiles conservent la Navette « au frais » en irradiant la chaleur vers l'extérieur.

LA PROTECTION CONTRE LES TEMPÉRATURES EXTRÊMES

La Navette est protégée extérieurement par des matériaux capables de supporter plusieurs rentrées dans l'atmosphère. Leur nature varie selon les températures rencontrées en chaque point. Le nez, le bord d'attaque des ailes, celui de la dérive verticale et la face inférieure du vaisseau atteignent les valeurs les plus élevées et doivent être protégées par des tuiles de céramique noire. Des milliers de tuiles originellement utilisées pour recouvrir la partie supérieure et les flancs de la Navette ont depuis été remplacées par des feuilles d'un tissu spécial, plus léger, résistant à la chaleur. Le moindre poids permet d'emporter une charge utile plus importante.

Du carbone renforcé de carbone offre une protection contre les températures excédant 1260°C.

Les tuiles de céramique noire protègent les zones exposées à des températures pouvant atteindre 1260°C.

Des tuiles blanches ou des couvertures isolantes protègent les zones où la température peut atteindre 650°C.

Des couvertures isolantes flexibles réutilisables protègent les zones où la température ne dépasse jamais 370°C.

Certains points sont protégés par du verre, des alliages métalliques à très haut point de fusion ou d'autres matériaux.

◄ SURF SUR LES FLAMMES

Tandis que la Navette plonge dans
l'atmosphère, l'équipage voit des flammes
lécher les hublots. Les moteurs de positionnement
maintiennent l'appareil dans la bonne position.
L'angle de pénétration, ventre en avant, augmente la
surface d'appui et freine le vaisseau. Seize minutes avant
l'atterrissage, la Navette effectue une série de quatre virages
en S pour ralentir encore. À quatre minutes de l'atterrissage,
le commandant désactive le pilotage automatique,
reprenant la main pour l'approche finale.

Navette
spatiale

L'ATTERRISSAGE

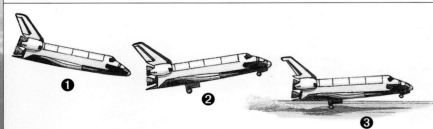

❶ *La Navette plane à travers
les couches de l'atmosphère
à une vitesse 20 fois supérieure
à celle d'un avion de ligne.*

❷ *Le pilote cabre l'appareil
à 35 secondes de l'atterrissage.
20 secondes plus tard, il ouvre
les aérofreins.*

❸ *La navette touche la piste
à une vitesse d'environ
350 km/h, deux fois plus vite
qu'un avion de ligne.*

Après l'atterrissage, un parachute de queue de 12 m de diamètre est
libéré pour freiner. La plupart des Navettes se posent sur la piste de
4 572 mètres du Centre Spatial Kennedy, en Floride, mais une piste
de secours est également disponible sur la base de l'US Air Force
d'Edwards, en Californie. Aussitôt l'appareil arrêté, il est pris d'assaut
par une nuée de véhicules : une équipe de sécurité vérifie l'absence
d'émanations gazeuses dangereuses ou explosives, tandis qu'un
médecin contrôle l'équipage avant son débarquement.

LES STATIONS SPATIALES

Après que les États-Unis eurent remporté la course à la Lune, les Soviétiques s'attachèrent à construire des stations spatiales. Entre 1971 et 1982, ils lancèrent avec succès sept stations Salyout successives. En 1973, les Américains lancèrent leur première station, Skylab. Bien que détériorée au lancement, elle fonctionna six ans. En 1986, l'Union soviétique lança la station Mir, construite en orbite par l'assemblage de plusieurs modules. Sa durée de vie de 15 ans permit à certains occupants de passer plus d'une année d'une seule traite dans l'espace.

Le vaisseau Soyouz transportait les équipages jusqu'à Salyout 7.

Le module de propulsion contenait les moteurs principaux.

Le poste de commande principal se trouvait ici.

SALYOUT 7 ▲

Salyout 7 fut la dernière station de la série. Opérationnelle durant 50 mois, elle fut visitée par dix équipages successifs, totalisant 22 cosmonautes dont des Français et des Indiens. En 1986, elle fut transférée sur une orbite plus élevée et certains de ses équipements furent réutilisés par Mir. Elle commença toutefois à redescendre vers la Terre et retomba plus tôt que prévu.

CARACTÉRISTIQUES DE SALYOUT 7

Longueur : 14,40 m	
Diamètre : 4,15 m	
Masse : 18,9 tonnes	
Lancement : 19 avril 1982	
Orbite : 279 x 284 km	
Durée en orbite : 8 ans et 10 mois	
Retour : 7 février 1991	

Conditions du retour : combustion partielle et démantèlement au-dessus de l'Amérique du Sud, produisant un impressionnant feu d'artifice. Quelques éléments tombèrent au sol en Argentine.

Panneaux solaires d'alimentation de l'observatoire

Cet observatoire solaire était braqué vers notre étoile.

La partie avant du laboratoire orbital comprenait la zone de couchage.

La paroi noircie du laboratoire orbital correspond à la zone où la protection contre les micrométéorites avait été arrachée.

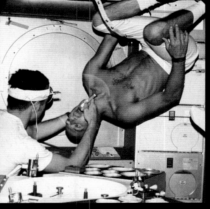

◄ À L'INTÉRIEUR DE SKYLAB

Les conditions de vie à l'intérieur de Skylab étaient meilleures que dans tous les vaisseaux précédents. Il y avait beaucoup de place ; assez pour faire des acrobaties ! Le quartier de l'équipage comportait un dortoir et un réfectoire. Les astronautes pouvaient se doucher : un luxe qu'ils s'offraient une fois par semaine pour rationner l'eau. Ils utilisaient aussi un vélo d'intérieur pour compenser les effets de l'impesanteur sur leur organisme.

◄ SKYLAB

Skylab était composé à partir d'éléments Apollo abandonnés dans l'espace. Ainsi, la plus grande section, le laboratoire orbital, n'était autre qu'un troisième étage vide de fusée Saturn V. Un des panneaux solaires et un bouclier thermique protégeant aussi des micrométéorites ayant été arrachés au décollage, les astronautes durent improviser une protection pour empêcher la surchauffe. Malgré ces débuts périlleux et sa courte durée d'opération de seulement 9 mois, Skylab permit de prendre 40 000 photos de la Terre.

CARACTÉRISTIQUES DE SKYLAB

Longueur : 36,12 m amarré au vaisseau de liaison Apollo	
Diamètre : 6,58 m	
Masse : 76,3 tonnes	
Lancement : 14 mai 1973	
Orbite : 427 x 439 km	
Durée en orbite : 6 ans et 2 mois	
Retour : 11 juin 1979	

Conditions du retour : combustion partielle lors de la rentrée atmosphérique, quelques éléments tombant finalement dans l'océan Indien et à l'ouest de l'Australie.

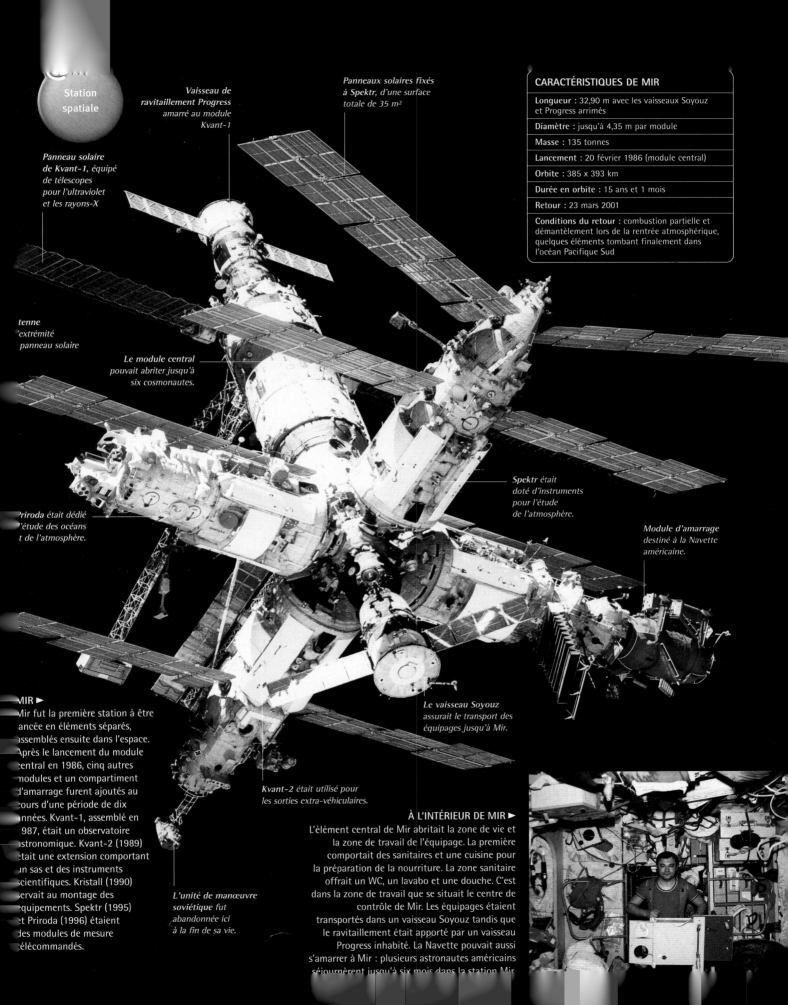

Station spatiale

Vaisseau de ravitaillement Progress amarré au module Kvant-1

Panneaux solaires fixés à *Spektr*, d'une surface totale de 35 m²

Panneau solaire de *Kvant-1*, équipé de télescopes pour l'ultraviolet et les rayons-X

tenne
'extrémité
panneau solaire

Le module central pouvait abriter jusqu'à six cosmonautes.

riroda était dédié 'étude des océans t de l'atmosphère.

Spektr était doté d'instruments pour l'étude de l'atmosphère.

Module d'amarrage destiné à la Navette américaine.

Le vaisseau Soyouz assurait le transport des équipages jusqu'à Mir.

Kvant-2 était utilisé pour les sorties extra-véhiculaires.

L'unité de manœuvre soviétique fut abandonnée ici à la fin de sa vie.

MIR ►

Mir fut la première station à être ancée en éléments séparés, assemblés ensuite dans l'espace. Après le lancement du module central en 1986, cinq autres modules et un compartiment d'amarrage furent ajoutés au cours d'une période de dix années. Kvant-1, assemblé en 987, était un observatoire astronomique. Kvant-2 (1989) était une extension comportant un sas et des instruments scientifiques. Kristall (1990) servait au montage des équipements. Spektr (1995) et Priroda (1996) étaient des modules de mesure télécommandés.

À L'INTÉRIEUR DE MIR ►

L'élément central de Mir abritait la zone de vie et la zone de travail de l'équipage. La première comportait des sanitaires et une cuisine pour la préparation de la nourriture. La zone sanitaire offrait un WC, un lavabo et une douche. C'est dans la zone de travail que se situait le centre de contrôle de Mir. Les équipages étaient transportés dans un vaisseau Soyouz tandis que le ravitaillement était apporté par un vaisseau Progress inhabité. La Navette pouvait aussi s'amarrer à Mir : plusieurs astronautes américains séjournèrent jusqu'à six mois dans la station Mir

La Station Spatiale Internationale (ISS) prend progressivement forme en orbite Elle devrait être achevée en 2008. Son gigantisme et le fait que seize nations s impliquées dans sa réalisation suffisent à en faire le projet spatial le plus complexe de tous les temps. La Station est destinée aux applications scientifiques. Son volume interne, à peu près celui de la cabine passagers d'un Boeing 747, comprendra six laboratoires. Des équipages de sept scientifiques et astronautes y vivront ensemble pendant six mois d'affilée.

Les panneaux solaires génèrent une puissance de 110 kW.

▲ UNE STATION SPATIALE EN KIT

En novembre 1998, une fusée Proton russe emporta dans l'espace le module Zarya, le premier élément de l'ISS. En décembre de la même année, la navette Endeavour livra le module Unity. En juillet 2000, ce fut au tour du module de service Zvezda d'être ajouté. Le premier équipage, appelé Expedition One, s'est installé en novembre 2000. En février 2001, le module Destiny était à son tour livré par la navette Atlantis, et deux mois plus tard le bras manipulateur robotisé est arrivé.

LA CONSTRUCTION DE LA STATION SPATIALE ▲

L'ISS est construite par l'assemblage de sections cylindriques pressurisées, les modules, reliés par un cadre de poutrelles en treillis. Les éléments appelés «nœuds» comportent jusqu'à six ports d'amarrage permettant d'associer divers modules. Les vaisseaux peuvent également s'amarrer sur les ports laissés vacants sur les nœuds et les modules. Les États-Unis, la Russie, l'Europe et le Japon contribuent à la réalisation des modules.

Des panneaux de contrôle thermique régulent la température à l'intérieur de l'ISS.

Des vaisseaux cargos automatiques livrent la nourriture, l'eau, les gaz et le carburant.

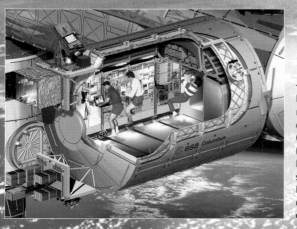

◄ UN LABORATOIRE SCIENTIFIQUE EN ORBITE

Les astronautes travaillent confortablement en manches de chemise à l'intérieur des laboratoires de l'ISS, qui comprennent entre autres le laboratoire Columbus fourni par l'Agence Spatiale Européenne (ESA). Columbus est un laboratoire polyvalent que les scientifiques emploieront pour leurs recherches sur les matériaux, les fluides, les sciences de la vie et la technologie. Il peut recevoir sous forme de racks dix laboratoires miniatures indépendants. Certaines expériences seront pilotées depuis la Terre.

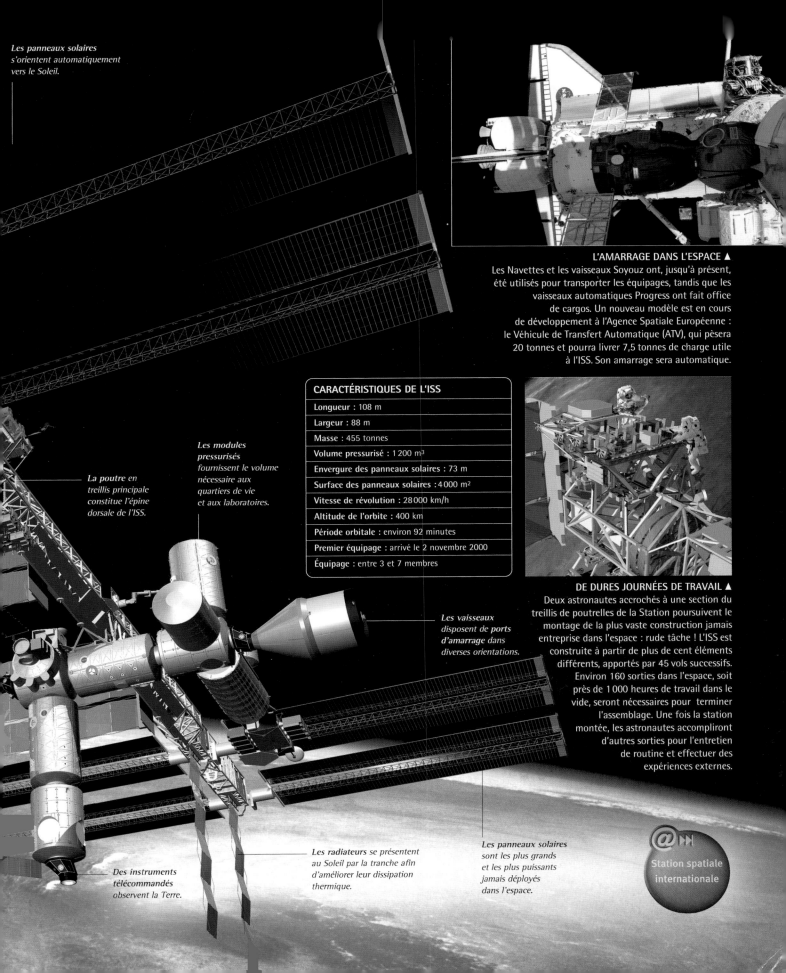

*Les panneaux solaires
s'orientent automatiquement
vers le Soleil.*

L'AMARRAGE DANS L'ESPACE ▲

Les Navettes et les vaisseaux Soyouz ont, jusqu'à présent, été utilisés pour transporter les équipages, tandis que les vaisseaux automatiques Progress ont fait office de cargos. Un nouveau modèle est en cours de développement à l'Agence Spatiale Européenne : le Véhicule de Transfert Automatique (ATV), qui pèsera 20 tonnes et pourra livrer 7,5 tonnes de charge utile à l'ISS. Son amarrage sera automatique.

*Les modules
pressurisés
fournissent le volume
nécessaire aux
quartiers de vie
et aux laboratoires.*

*La poutre en
treillis principale
constitue l'épine
dorsale de l'ISS.*

CARACTÉRISTIQUES DE L'ISS

Longueur : 108 m	
Largeur : 88 m	
Masse : 455 tonnes	
Volume pressurisé : 1 200 m³	
Envergure des panneaux solaires : 73 m	
Surface des panneaux solaires : 4 000 m²	
Vitesse de révolution : 28 000 km/h	
Altitude de l'orbite : 400 km	
Période orbitale : environ 92 minutes	
Premier équipage : arrivé le 2 novembre 2000	
Équipage : entre 3 et 7 membres	

*Les vaisseaux
disposent de ports
d'amarrage dans
diverses orientations.*

DE DURES JOURNÉES DE TRAVAIL ▲

Deux astronautes accrochés à une section du treillis de poutrelles de la Station poursuivent le montage de la plus vaste construction jamais entreprise dans l'espace : rude tâche ! L'ISS est construite à partir de plus de cent éléments différents, apportés par 45 vols successifs. Environ 160 sorties dans l'espace, soit près de 1 000 heures de travail dans le vide, seront nécessaires pour terminer l'assemblage. Une fois la station montée, les astronautes accompliront d'autres sorties pour l'entretien de routine et effectuer des expériences externes.

*Des instruments
télécommandés
observent la Terre.*

*Les radiateurs se présentent
au Soleil par la tranche afin
d'améliorer leur dissipation
thermique.*

*Les panneaux solaires
sont les plus grands
et les plus puissants
jamais déployés
dans l'espace.*

**Station spatiale
internationale**

LE CORPS DANS L'ESPACE

Notre corps est adapté pour survivre dans l'atmosphère et les conditions de gravité qui règnent à la surface de la Terre. Dans l'espace, les astronautes doivent emporter avec eux l'oxygène pour leur permettre de respirer mais, une fois en orbite, ils ne peuvent recréer la gravité. Ils se meuvent alors en impesanteur et ne ressentent plus le poids de leur corps. Soumis à l'absence de gravité, le corps s'adapte par des transformations musculaires, osseuses et circulatoires (cœur et circulation sanguine). De retour sur Terre à la fin de leur mission, il leur faut alors se réadapter à la vie en pesanteur.

@ ▸▸
Vol spatial
habité

QUAND LE CORPS N'A PLUS DE POIDS ▶
Il peut paraître amusant de flotter dans le vaisseau mais la moitié des astronautes ressentent des malaises liés à l'état d'impesanteur. Sur Terre, la gravité exerce une force sur notre corps qui nous donne la sensation de «peser»; elle nous maintient au sol mais attire également les fluides corporels vers le bas. Dans l'espace, le sens de l'équilibre des astronautes est perturbé, au point parfois de les rendre malades et de leur faire perdre l'appétit : le système digestif met parfois deux semaines à s'adapter. La NASA ne programme aucune sortie extravéhiculaire durant les trois premiers jours d'une mission en raison des risques de vomissement dans le scaphandre, qui peuvent entraîner la suffocation.

À L'INTÉRIEUR DU CORPS DES ASTRONAUTES

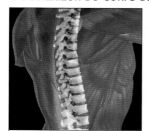

L'ALLONGEMENT DE LA COLONNE
Les astronautes sont plus grands dans l'espace que sur Terre. En effet, la gravité comprime les vertèbres les unes contre les autres. Dans l'espace, les os de la colonne vertébrale peuvent s'écarter. Celle-ci s'allonge alors de 30 à 60 mm, donnant aux astronautes une allure plus élancée. L'effet n'est pas durable : une fois soumis à la gravité après leur retour, ils retrouvent leur taille initiale.

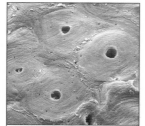

LA FRAGILISATION OSSEUSE
Dans l'espace, les os se fragilisent car ils n'ont plus à soutenir le corps. Cette coupe d'un os montre les dépôts de calcium organisés en anneaux denses pour le rigidifier (les trous sont les passages des vaisseaux sanguins). Dans l'espace, le calcium de l'os tend à se dissoudre dans le flux sanguin, rendant les os moins résistants : après une longue mission, les astronautes sont davantage sujets à des fractures.

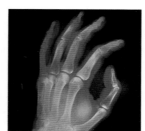

LE VIEILLISSEMENT
Dans les années 1980, les scientifiques ont réalisé que l'impesanteur affecte le corps avec des symptômes rappelant ceux du vieillissement. La perte de masse osseuse au cours d'une mission prolongée évoque la perte de calcium due à l'ostéoporose, qui touche certaines personnes âgées, notamment les femmes. L'étude des effets de l'impesanteur permet de mieux comprendre le processus de vieillissement.

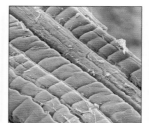

LA PERTE MUSCULAIRE
Sans la force de résistance permanente exercée pour contrer la gravité, les muscles s'atrophient rapidement (ils perdent de leur volume et de leur puissance). Les muscles puissants des jambes qui supportent le poids du corps sont les plus affectés car ils ne sont quasiment pas utilisés dans l'espace, contrairement à ceux des bras et du tronc. Heureusement, la masse musculaire se reconstitue après un mois seulement sur Terre.

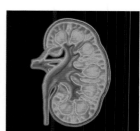

LES ORGANES INTERNES
Certains organes se modifient ou se comportent différemment en impesanteur. Les astronautes se plaignent souvent de lourdeurs d'estomac, peut-être liées à la lenteur de la digestion. Les reins supportent une charge de travail plus importante : ils doivent filtrer l'excès de calcium osseux dissous dans le sang, ce qui risque de produire des calculs rénaux (des pierres calcaires, très douloureuses, à l'intérieur des reins).

▲ LES CONTRÔLES MÉDICAUX

De nombreux astronautes rapportent de longues périodes de difficultés à trouver le sommeil, soit en raison de l'excitation de la mission et du stress ou tout simplement du bruit permanent dans le vaisseau. Cet astronaute de la Navette participe à une expérience sur le sommeil : il est équipé d'électrodes permettant d'enregistrer son activité cérébrale et sa respiration pendant qu'il dort. Les électrodes recueillent le courant électrique produit par le corps et des médecins à Terre peuvent ainsi suivre son activité physiologique en permanence.

LES EFFETS BIOLOGIQUES DE L'ABSENCE DE GRAVITÉ

Os : les astronautes perdent environ 6% de leur masse osseuse au cours d'un long séjour dans l'espace, à raison de 1 à 2% par mois.

Sang : jusqu'à 17% du volume sanguin est perdu après seulement 2 ou 3 jours.

Muscles : jusqu'à 20% de la masse musculaire est perdue, à raison de 5% par semaine.

Dents : la faible sécrétion de salive augmente la plaque dentaire. Les astronautes mâchent du chewing-gum pour produire plus de salive.

Nez et yeux : les astronautes éternuent jusqu'à 30 fois par heure et souffrent d'irritations des yeux en raison de la poussière et des cellules mortes (notamment de peau) qui flottent librement dans le vaisseau.

Tête : environ un litre de fluide corporel migre vers la tête, ce qui donne aux astronautes la sensation de souffrir d'un rhume.

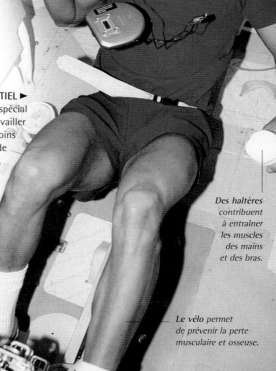

L'EXERCICE EST ESSENTIEL ▶

Cet astronaute pédale sur un modèle spécial de vélo qui lui permet de faire travailler ses jambes chaque jour pendant au moins deux heures afin de réduire les effets de l'impesanteur sur son corps. Dans l'espace, la silhouette se modifie en raison de la fonte des muscles et de la migration vers le haut du corps des fluides corporels. Les jambes sont particulièrement affectées. Elles maigrissent : c'est le syndrome dit des «pattes d'oiseaux». Les matériels d'entraînement que l'on trouve dans les salles de musculation sont inutilisables dans l'espace car l'astronaute doit être maintenu par des sangles et des ceintures pour ne pas flotter lorsqu'il exerce un effort.

Des haltères contribuent à entraîner les muscles des mains et des bras.

Le vélo permet de prévenir la perte musculaire et osseuse.

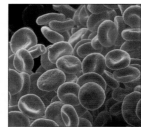

LE RÉTRÉCISSEMENT CARDIAQUE

Le cœur est un muscle qui subit, comme les muscles moteurs, un abaissement de sa charge de travail, n'ayant plus à lutter contre la gravité pour pomper le sang. Il en résulte une réduction de taille et un ralentissement du rythme qui amenuisent le volume sanguin pompé à chaque pulsation. Insensibles dans l'espace, ces effets réduisent la résistance des astronautes aux efforts intenses et prolongés de retour sur Terre.

LA PERTE DE GLOBULES

La gravité entraîne le sang dans les jambes. Dans l'espace, il se répartit librement dans tout le corps et la masse sanguine de la région supérieure augmente. Afin de réduire le volume sanguin dans la tête, le cœur ralentit. Les astronautes perdent aussi 20% de leurs globules rouges, ce qui provoque une anémie et une fatigue générale. Au retour, ces effets peuvent se prolonger jusqu'à deux ans après le vol.

24 HEURES DANS L'ESPACE

Les missions de la Navette sont planifiées longtemps à l'avance dans leur intégralité. Chaque journée est organisée dans le moindre détail. Les équipages en missions de plus longue durée dans la Station Spatiale Internationale se contentent d'un schéma général, pouvant être modifié à l'occasion des téléconférences quotidiennes entre les astronautes et les contrôleurs à Terre, afin de tenir compte des pannes de matériel ou de la difficulté de mener à bien une tâche dans le délai prévu. Les tâches essentielles sont écrites dans le plan de mission quotidien en ménageant un temps de loisirs.

▲ 05 H 30 - DEBOUT, LÀ-DEDANS !
Les occupants de la Station Internation[ale] sont réveillés par un buzzeur tandis qu[e] ceux de la Navette le sont en musique.

▲ 06 H 10 - DANS LA CUISINE
Le premier repas consiste en fruits et céréales suivis de café ou de thé et d'un petit pain, sortis de leurs sachets.

▲ 07 H 00 - PRÉPARATION DU TRAVAIL
Chaque matin, un planning détaillé des travaux de la journée est décidé en accord avec les contrôleurs au sol.

▲ 07 H 45 - CONTRÔLE GÉNÉRAL
Les premières opérations consistent à vérifier les systèmes vitaux du vaisseau et à assurer l'entretien de routine.

▲ 07 H 55 - UN PEU DE SPORT
Des séances d'exercice pouvant durer une heure assurent l'entretien de la musculature en impesanteur.

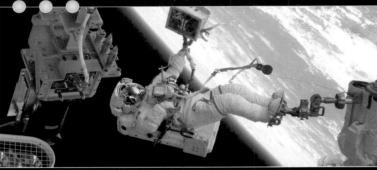

▲ 12 H 00 - TRAVAILLER EN SURVOLANT LA TERRE
Les interventions extravéhiculaires (EVA) impliquent de sortir dans l'espace pour mener à bien des réparations ou assembler les éléments de l'ISS. Certaines EVA durent 2 à 3 h, mais bon nombre prennent la journée entière : jusqu'à 7 h d'un travail épuisant !

▲ 13 H 35 - UN DÉJEUNER HÂTIF
L'équipage se rassemble pour déjeuner. Mais les programmes chargés obligent souvent à manger tout en travaillant.

▲ 14 H 50 - LES INTERVIEWS
Les astronautes donnent des interviews depuis l'espace à la radio, la télévision ou sur Internet. Cela fait partie du trav[ail]

▲ 18 H 10 - DE RETOUR AU TRAVAIL
Le vaisseau est utilisé comme atelier et laboratoire scientifique. Chaque astronaute emporte son propre outillage.

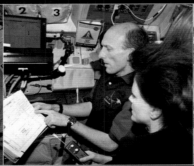

▲ 18 H 15 - EN CONFÉRENCE
L'équipage se réunit pour évaluer l'avancée du programme et décider des éventuelles modifications de tâches.

▲ 19 H 00 - LE DÎNER EST SERVI
Deux astronautes mangent du riz avec des baguettes : ils choisissent leurs repas bien à l'avance, avant de quitter le sol.

▲ 20 H 00 - LE TEMPS DES LOISIRS...
L'heure de la détente : les astronautes emportent leurs livres, leurs CD, leurs D[VD] et parfois jouent de la musique.

5 H 40 - LA TOILETTE
u est rationnée dans l'espace : l'équipage
ve à l'aide de lingettes humides et de
n ou de shampooing sans rinçage.

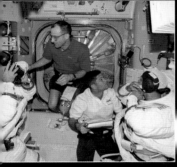

09 H 25 - PRÉPARATION À LA SORTIE
eux astronautes revêtent leur scaphandre
vue d'une sortie extravéhiculaire (EVA),
dés par deux membres d'équipage.

17 H 10 - ENCORE DU SPORT
etour au vélo ou au rameur pour de
ouveaux exercices permettant d'entretenir
s muscles et de prévenir l'ostéoporose.

21 H 00 - ...ET CELUI DU SOMMEIL
près une rude journée de travail, les
stronautes se ceinturent dans leurs sacs de
ouchage pour un sommeil de huit heures.

⬤ **REVOICI LE SOLEIL... ENCORE ET ENCORE !**
La vie sur Terre est réglée par le cycle de 24 heures
des jours et des nuits : le lever du Soleil marque le
début de la journée et son coucher l'approche du
temps de repos. Dans l'espace, les astronautes assistent
bien plus souvent au lever et au coucher du Soleil.
La durée des cycles dépend de la vitesse de révolution
du vaisseau et donc de son altitude. Un satellite en
orbite à 500 km d'altitude se déplace à 28 800 km/h,
accomplissant approximativement une orbite
toutes les 90 min. Les astronautes assistent donc
à 16 levers de Soleil par 24 heures.

@▶▶
Vol spatial
habité

LUMIÈRES NOCTURNES ▶
Des astronautes travaillent sur le
télescope spatial Hubble baigné
par la lumière rougeâtre de
la Navette alors que le Soleil
s'enfonce derrière l'horizon,
lançant ses derniers rayons. Avec
un lever de Soleil toutes les
90 minutes, les astronautes passent
plusieurs cycles dans l'obscurité,
avec les seuls éclairages de la
Navette pour illuminer leur zone
de travail. Durant une longue
sortie dans l'espace, ils assistent
donc aussi à plusieurs levers de
Soleil ; une scène qu'ils décrivent
avec lyrisme comme un arc-en-ciel
de lumière jaillissant de l'horizon
avec la soudaineté d'une
éruption volcanique.

LA VIE DANS L'ESPACE

La vie dans l'espace peut se comparer à un séjour à plusieurs dans une caravane exigüe. Les astronautes travaillent beaucoup, mais ne sont pas assujettis aux tâches ménagères habituelles sur Terre. Ainsi, la nourriture en doses individuelles évite la vaisselle, les vêtements jetables suppriment toute lessive. Les rebuts sont éliminés de manière originale : les astronautes de la Station spatiale entassent leurs poubelles dans les vaisseaux cargos vides qu'il suffit alors de larguer pour qu'ils brûlent avec leur contenu durant le retour dans l'atmosphère.

L'antenne du satellite assure la réception et l'émission de données.

La parabole de l'antenne est déployée une fois le satellite en place.

NOURRITURE DE LONGUE CONSERVATION EN BOÎTE MÉTALLIQUE

ALIMENTS DÉSHYDRATÉS (AVEC TUBE POUR L'EAU)

ALIMENTS FRAIS SOUS-VIDE

▲ MANGER DANS L'ESPACE

Les astronautes des premières missions se contentaient d'aliments peu appétissants : des pâtes dans des tubes souples, des cubes de viande séchée enrobés de gélatine pour empêcher leur émiettement. Les menus actuels donnent le choix entre des céréales, des fruits frais, des steaks, etc. Les astronautes perdent en partie le sens du goût et préfèrent donc les aliments aromatisés ou épicés : on ajoute du ketchup et des sauces fortes. La nourriture est réchauffée dans des fours spéciaux.

◄ EMBALLAGES SPÉCIAUX POUR ALIMENTS SPATIAUX

La nourriture est stockée dans des emballages étanches pour conserver sa fraîcheur. Celle qui est stérilisée à la chaleur est conservée dans des boîtes ou des barquettes métalliques. La nourriture irradiée ou à faible teneur en eau – comme les abricots secs – est scellée entre deux feuilles de plastique. Les aliments qu'il faut réhydrater sont contenus dans des sachets spéciaux avec un tube pour injecter l'eau. Les aliments frais, comme les noix et les biscuits, sont stockés dans des poches en plastique. Les boissons sont fournies dans des bouteilles souples ou sous forme de poudre à diluer.

Cet astronaute déplace aisément un satellite d'une masse de plusieurs tonnes.

Une longe de sécurité reliée à la soute et fixée à un pied retient l'astronaute.

LE MENU DE L'ASTRONAUTE

Petit déjeuner
Céréales et raisins (produits secs réhydratables)
Petits pains (nourriture fraîche)
Poires (thermostabilisées : traitées à la chaleur)
Liquide vanillé (boisson)
Thé ou café (boisson)

Déjeuner
Lamelles de poulet en sauce (thermostabilisées)
Macaronis et fromage (réhydratables)
Riz au beurre (thermostabilisé)
Noix de Macadamia (frais)
Cidre (boisson)

Dîner
Cocktail de crevettes (réhydratable)
Beefsteack (irradié pour assurer la conservation)
Macaronis et fromage (réhydratables)
Cocktail de fruit (thermostabilisé)
Boisson à la fraise (boisson)

DROP PHYSICS MODULE

▲ POUR RESTER PROPRE

Les premiers astronautes ne se lavaient pas. Mais la durée des missions ayant augmenté, l'hygiène est devenue importante. La station Skylab disposait d'une douche... peu efficace, l'eau ne tombant pas et devant être propulsée par un ventilateur. Les utilisateurs doivent aussi veiller à ne pas laisser s'échapper de gouttes à la dérive. Les astronautes utilisent donc des lingettes humides, des détergents et des dentifrices ne nécessitant pas de rinçage à l'eau.

▲ DES SITUATIONS SANS GRAVITÉ

En l'absence de gravité où lorsque celle-ci est très faible (microgravité), les astronautes doivent s'accrocher à des rails pour ne pas dériver de leur plan de travail. L'impesanteur facilite les déplacements mais pose aussi des problèmes spécifiques : rien ne reste en place et la moindre impulsion suffit à expédier un objet à l'autre bout du vaisseau. Tout doit être rangé ou maintenu par des lanières ou des bandes velcro. Dans l'espace, il n'y a ni haut ni bas, donc ni plancher ni plafond ; les équipements sont disposés sur toutes les parois de la Navette et ce sont les astronautes qui s'orientent par rapport aux matériels qu'ils utilisent.

LES VÉGÉTAUX DANS L'ESPACE ▶

Les futures missions de longue durée auront besoin de plantes pour produire de la nourriture et recycler l'eau et le gaz carbonique. C'est la pesanteur qui conduit les plantes à produire leurs racines vers le bas et leurs tiges et feuilles vers le haut. En microgravité, les végétaux n'ont pas de repères pour décider de leur direction de croissance : feuilles et racines se développent en tous sens. L'arrosage doit donc être assuré différemment, l'eau restant au contact du substrat ou sur les feuilles sous forme de gouttes.

@▸▸ **Vol spatial habité**

Le bras manipulateur offre une plate-forme de travail mobile.

◀ TRAVAILLER DANS L'ESPACE

Lancer et entretenir des satellites fait partie du travail des astronautes. Lorsqu'ils interviennent dans le vide spatial, ils sont toujours sécurisés par une longe reliée à un pied, ou rattachés à une ligne de vie, afin de ne pas risquer de s'éloigner du vaisseau. Le travail en impesanteur permet d'accomplir des tâches impossibles sur Terre, comme de déplacer à la main des objets énormes, comme ce satellite de 800 kg. Toutefois, l'inertie d'un objet massif nécessite une grande force pour l'arrêter lorsqu'il a commencé à se déplacer.

▲ LES DISPOSITIONS POUR LE SOMMEIL

L'équipage de la navette travaillant par «quarts», certains membres se reposent pendant que d'autres sont en activité. Pour dormir, un bandeau sur les yeux et des bouchons auriculaires sont des accessoires essentiels. Les astronautes fixent leur sac de couchage aux parois pour ne pas dériver et heurter l'environnement. Malgré l'absence de lit, ils rapportent qu'ils continuent de se retourner dans leur sommeil. Le commandant dort généralement dans la cabine de pilotage pour être opérationnel en cas d'incident. À bord de l'ISS, l'ensemble de l'équipage dort en même temps dans deux zones de repos.

LES SORTIES DANS L'ESPACE

Les astronautes sortent régulièrement dans l'espace pour y travailler. On appelle ces opérations des EVA (*Extra-Vehicular Activities*, ou «activités extravéhiculaires»). Quitter ainsi le cocon du vaisseau pour intervenir dans le vide, à 400 km de la Terre, ne va pas sans dangers. Un quart d'heure suffit pour revêtir un scaphandre, mais il faut beaucoup plus de temps pour se préparer à quitter le vaisseau. En effet, le scaphandre alimente le cosmonaute en oxygène pur à une pression trois fois plus faible que celle régnant dans le vaisseau. Or, une brusque chute de pression provoque des accidents de décompression pouvant être fatals. C'est pourquoi il faut réduire progressivement la pression, et cela parfois pendant des heures, avant que le cosmonaute ne puisse sortir.

Le bras manipulateur robotisé offre six axes de liberté et mesure 15 m de longueur.

L'équipement dorsal renferme 7 heures de réserve d'oxygène.

Source d'éclairage complémentaire fixée au casque

La hublot facial est enduit, à l'intérieur, d'un revêtement antibuée.

Pinces pour fixer les outils entre deux utilisations

Ce pistolet vissant est piloté par ordinateur pour ajuster avec précision le couple de serrage, la vitesse de rotation et le nombre de tours.

▲ ALEXEI LEONOV : LA PREMIÈRE SORTIE DANS L'ESPACE
Le 18 mars 1965, Alexei Leonov devint le premier homme à marcher dans l'espace. Au cours la deuxième révolution orbitale de Voskhod, Leonov se glissa à travers un sas gonflable pour se retrouver flottant dans le vide spatial à plus de 500 km d'altitude, au bout d'une ligne de vie de 5 mètres. Après dix minutes, il tenta de rentrer mais ne put franchir le sas car son scaphandre avait gonflé dans le vide extérieur. Il dut libérer de l'air pour le dégonfler avant de pouvoir passer, tête en avant.

LE DÉROULEMENT D'UNE EVA ▶
Le scaphandre des cosmonautes de la Navette est équipé d'un système d'alimentation comportant une ration d'oxygène suffisante pour une sortie de sept heures. Parfois, les sorties durent encore plus longtemps. En 2001, deux astronautes sont restés dans l'espace neuf heures, en se reliant pendant deux heures à l'alimentation en oxygène de la Navette elle-même. Pendant une EVA, les astronautes sont surveillés en permanence par des caméras, par les autres membres d'équipage et par les contrôleurs sur Terre. Des bandes de couleur sur les scaphandres permettent de les identifier.

◀ ED WHITE : UN RETOUR DIFFICILE
Moins de trois mois après la sortie historique de Leonov, Ed White devint le premier Américain à marcher dans l'espace. Le 3 juin 1965, il ouvrit la trappe de la capsule Gemini 4 et passa une vingtaine de minutes à l'extérieur, filmé par son compagnon James McDivitt. White testa une sorte de pistolet à air comprimé qui lui permettait de se déplacer en utilisant la force de réaction des jets de gaz. Au moment de rentrer, il eut une difficulté avec la trappe et McDivitt dut le retenir par les jambes pendant qu'il la refermait et la verrouillait.

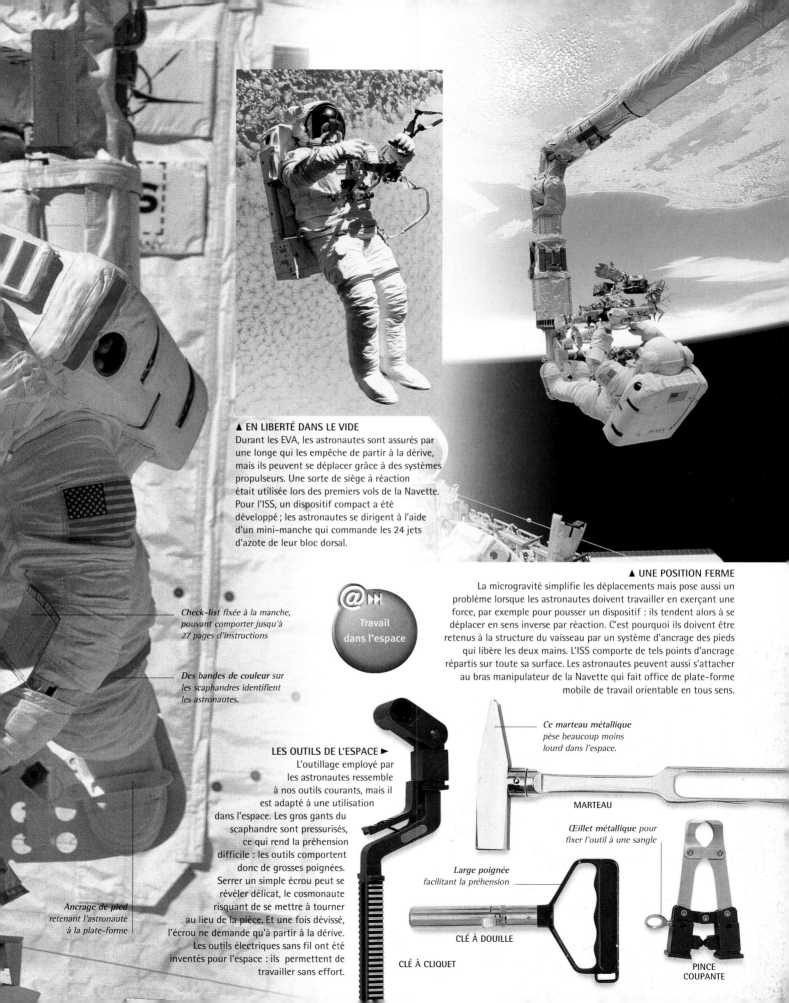

▲ EN LIBERTÉ DANS LE VIDE

Durant les EVA, les astronautes sont assurés par une longe qui les empêche de partir à la dérive, mais ils peuvent se déplacer grâce à des systèmes propulseurs. Une sorte de siège à réaction était utilisée lors des premiers vols de la Navette. Pour l'ISS, un dispositif compact a été développé ; les astronautes se dirigent à l'aide d'un mini-manche qui commande les 24 jets d'azote de leur bloc dorsal.

Check-list fixée à la manche, pouvant comporter jusqu'à 27 pages d'instructions

Des bandes de couleur sur les scaphandres identifient les astronautes.

@ ▸▸▸
Travail dans l'espace

Ancrage de pied retenant l'astronaute à la plate-forme

▲ UNE POSITION FERME

La microgravité simplifie les déplacements mais pose aussi un problème lorsque les astronautes doivent travailler en exerçant une force, par exemple pour pousser un dispositif : ils tendent alors à se déplacer en sens inverse par réaction. C'est pourquoi ils doivent être retenus à la structure du vaisseau par un système d'ancrage des pieds qui libère les deux mains. L'ISS comporte de tels points d'ancrage répartis sur toute sa surface. Les astronautes peuvent aussi s'attacher au bras manipulateur de la Navette qui fait office de plate-forme mobile de travail orientable en tous sens.

Ce marteau métallique pèse beaucoup moins lourd dans l'espace.

LES OUTILS DE L'ESPACE ▸

L'outillage employé par les astronautes ressemble à nos outils courants, mais il est adapté à une utilisation dans l'espace. Les gros gants du scaphandre sont pressurisés, ce qui rend la préhension difficile : les outils comportent donc de grosses poignées. Serrer un simple écrou peut se révéler délicat, le cosmonaute risquant de se mettre à tourner au lieu de la pièce. Et une fois dévissé, l'écrou ne demande qu'à partir à la dérive. Les outils électriques sans fil ont été inventés pour l'espace : ils permettent de travailler sans effort.

MARTEAU

Œillet métallique pour fixer l'outil à une sangle

Large poignée facilitant la préhension

CLÉ À DOUILLE

CLÉ À CLIQUET

PINCE COUPANTE

LES SCAPHANDRES

Le scaphandre spatial est plus qu'un simple vêtement de travail, c'est une protection vitale. Si les astronautes sortaient dans l'espace sans protection, ils perdraient conscience en 15 secondes et tous leurs fluides corporels entreraient en effervescence avant de geler. Le scaphandre ne fournit pas seulement l'oxygène nécessaire à la respiration ; il protège aussi du vide de l'espace et des températures extrêmes pouvant aller de 121 °C à – 156 °C, ainsi que des impacts de micrométéorites. Les scaphandres utilisés pour la marche dans l'espace et pour le lancement et le retour dans l'atmosphère sont différents.

▲ LE SCAPHANDRE MERCURY

Les scaphandres des astronautes du programme Mercury, dans les années 1960, ont été développés à partir des combinaisons pressurisées portées par les pilotes de la Navy dans les années 1950. Le scaphandre, porté sur un sous-vêtement long, était fait de trois couches de nylon dont la première était imprégnée d'aluminium pour offrir une meilleure résistance au feu. Il comprenait aussi des gants, un casque intégral, des bottes de pilote lacées et une alimentation en oxygène. Il n'était pas pressurisé, sauf en cas de dépressurisation accidentelle de la cabine de Mercury.

Les bottes ne sont pas détachables afin de prévenir les fuites d'oxygène.

▲ LE SCAPHANDRE DES RECORDS

Le premier scaphandre pressurisé a été réalisé pour le pilote américain Wiley Post, en 1934, pour lui permettre de voler plus vite en montant plus haut, dans les zones où l'air est raréfié. Ce scaphandre en caoutchouc recouvert de coton et comportant un casque métallique relié à une alimentation en oxygène pressurisé était réalisé par B. F. Goodrich, la compagnie chargée des scaphandres des astronautes de Mercury.

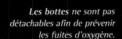
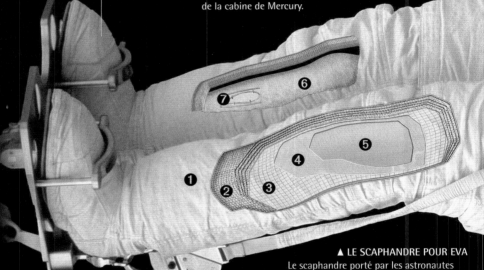

▲ LE SCAPHANDRE POUR EVA

Le scaphandre porté par les astronautes de la Navette pour les sorties dans l'espace comprend onze couches de matériaux. Certains sont enduits ou métallisés, et ont souvent été inventés pour l'espace. L'ensemble comprend aussi un climatiseur et des dispositifs permettant de boire et de recueillir les urines. Sur Terre, le scaphandre pèse 47 kg et le sac dorsal avec les équipements de vie 67 kg. Avec la caméra, le total atteint 117,6 kg.

❶ *La robuste couche externe mélange trois fibres pare-feu, le Gore-Tex, le Kevlar et le Nomex, pour protéger de la chaleur et des perforations.*

❷ *Les cinq couches de la doublure thermique sont faites de tissu aluminisé pour réfléchir la chaleur du Soleil.*

❸ *La doublure anti-micrométéorite est faite d'une couche de nylon imprégné de néoprène pour protéger contre les impacts.*

❹ *La couche de contention, faite en Dacron, empêche la vessie de pressurisation de gonfler comme un ballon.*

❺ *La dernière couche est une vessie de pressurisation, rendue étanche par des coutures scellées à chaud et doublées par de l'adhésif.*

❻ *Le sous-vêtement ventilé est formé de 2 couches de nylon. Il est extensible de 300 % pour bien épouser le corps.*

❼ *De l'eau froide circule dans un tube en plastique de 91,44 m de long serpentant entre les couches du sous-vêtement.*

S'HABILLER POUR UNE SORTIE DANS L'ESPACE

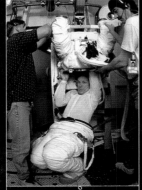

LES JAMBES LES PREMIÈRES
Un astronaute de la Navette portant un sous-vêtement ventilé à refroidissement par eau s'apprête à chausser le « pantalon » du scaphandre.

LA VESTE ENSUITE
Il faut ensuite se glisser dans la « veste », normalement accrochée à la paroi du sas de la Navette. L'aide des collègues est la bienvenue.

LE VERROUILLAGE
Les deux parties du scaphandre peuvent alors être verrouillées. On fait de même avec les gants et le casque avant d'ajuster la pression dans le scaphandre.

Les gants épais ont des extrémités en caoutchouc pour faciliter la prise.

Les pinces et boucles permettent d'attacher les outils pour les empêcher de partir à la dérive.

La couche externe est en Gore-Tex blanc réfléchissant pour limiter l'absorption de chaleur.

Le hublot du casque est traité à l'or pour empêcher l'éblouissement par le Soleil.

@ ▶▶
Travail dans l'espace

Le module d'affichage et de contrôle permet de surveiller le fonctionnement des équipements.

Les outils sont surdimensionnés pour offrir une bonne tenue en mains avec les gants épais.

Le casque est réalisé en polycarbonate dur et résistant.

Les caméras et les éclairages sont fixés de part et d'autre du casque.

Les antennes assurent les liaisons radio.

Le bloc dorsal contient les réserves d'oxygène, l'eau de refroidissement et les radios.

Le scaphandre devient rigide lorsqu'il est pressurisé, mais des zones souples ont été ménagées pour permettre la mobilité.

Le sous-casque contient les écouteurs et le micro.

◀ LE SCAPHANDRE DE SOYOUZ

Les cosmonautes de Soyouz portent le scaphandre Sokol (Faucon) pour le lancement et le retour. Le vêtement pressurisé en nylon blanc comporte une cagoule et une visière articulée, ainsi que des branchements pour l'alimentation électrique et les conduits d'air et de climatisation. Deux étiquettes sur la poitrine rappellent le nom du cosmonaute dans l'alphabet cyrillique russe et en caractères romains. Le scaphandre porté pour les sorties dans l'espace est appelé Orlan (Aigle).

◀ LA COMBINAISON DE LA NAVETTE

Les astronautes de la Navette portent un scaphandre orange au lancement et au retour. Il les protège en cas de dépressurisation ou s'ils devaient quitter la Navette et s'exposer à l'air puis à l'eau glacés. Durant la descente, le scaphandre gonfle au niveau des jambes et du torse pour empêcher l'afflux de sang après un long séjour en impesanteur. Il comporte aussi une balise de repérage par satellite et des éléments réfléchissants pour signaler l'équipage en cas de chute en mer.

Les anneaux métalliques sur les manches assurent le verrouillage des gants.

L'ENTRAÎNEMENT À L'ESPACE

Lorsqu'une agence spatiale recrute des astronautes, elle reçoit
des milliers de réponses. Une seule aboutit sur environ 200.
Après une année d'entraînement de base, les candidats ayant
franchi les tests avec succès deviennent astronautes, mais
ils patientent parfois des années avant de partir dans l'espace.
Pendant ce temps, ils poursuivent un entraînement intensif.
Lorsqu'ils sont désignés pour une mission, l'entraînement
est adapté et se déroule dans des simulateurs et sur des
maquettes des vaisseaux et des équipements
qu'ils auront à utiliser dans l'espace.
Les équipages déclarent volontiers
que la mission leur paraît facile
comparée à l'entraînement !

@ ▸▸ Astronaute

*L'astronaute
flotte comme
s'il ne pesait plus rien.*

◀ **L'ENTRAÎNEMENT EN VOL**
Les pilotes astronautes
conservent leurs réflexes affûtés
en volant régulièrement à bord
de jets de la NASA, des avions
d'entraînement T-38 biplaces.
Les spécialistes des missions et
des charges volent en place passager
pour s'habituer aux instruments de
navigation et de communication.
La Navette se pose sans moteurs,
en planant, ce qui ne laisse aucun droit
à l'erreur. Les pilotes s'entraînent donc
à l'atterrissage en simulateur et
à bord d'un jet d'affaires Gulfstream
transformé à cette fin.

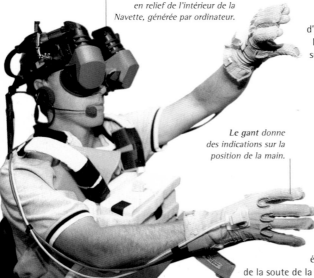

*Ces lunettes fournissent une vue
en relief de l'intérieur de la
Navette, générée par ordinateur.*

*Le gant donne
des indications sur la
position de la main.*

«VOMIT COMET», LE BIEN NOMMÉ ! ▸
Les astronautes peuvent éprouver la sensation
d'impesanteur sans avoir besoin d'aller dans l'espace.
Il leur suffit d'embarquer à bord d'un avion KC-135
surnommé «Vomit Comet», le Comet qui fait vomir !
L'avion grimpe en altitude puis plonge suivant une
trajectoire qui place l'équipage en état de chute
libre, annulant l'effet de la gravité pendant 25 s.
Les astronautes flottent ainsi dans la cabine
et l'opération peut être recommencée un grand
nombre de fois. Selon la trajectoire, on peut
simuler la gravité sur la Lune ou sur Mars.

◀ **L'AIDE DE LA RÉALITÉ VIRTUELLE**
Cet astronaute utilise un dispositif
d'entraînement en Réalité Virtuelle (RV), plus
économique que la piscine ou le simulateur.
Les lunettes projettent dans ses yeux une
image reproduisant, en trois dimensions, les
équipements de la mission, par exemple une partie
de la soute de la Navette ou des charges emportées. L'homme peut
se mouvoir dans cet espace virtuel, saisir des objets et les déplacer
grâce aux gants qu'il porte qui renseignent l'ordinateur
sur la position et les mouvements de ses mains.

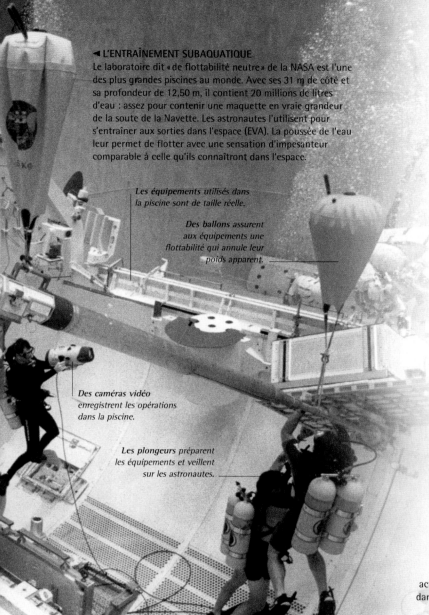

◄ L'ENTRAÎNEMENT SUBAQUATIQUE

Le laboratoire dit « de flottabilité neutre » de la NASA est l'une des plus grandes piscines au monde. Avec ses 31 m de côté et sa profondeur de 12,50 m, il contient 20 millions de litres d'eau : assez pour contenir une maquette en vraie grandeur de la soute de la Navette. Les astronautes l'utilisent pour s'entraîner aux sorties dans l'espace (EVA). La poussée de l'eau leur permet de flotter avec une sensation d'impesanteur comparable à celle qu'ils connaîtront dans l'espace.

Les équipements utilisés dans la piscine sont de taille réelle.

Des ballons assurent aux équipements une flottabilité qui annule leur poids apparent.

Des caméras vidéo enregistrent les opérations dans la piscine.

Les plongeurs préparent les équipements et veillent sur les astronautes.

LA SÉLECTION ET L'ENTRAÎNEMENT DES ASTRONAUTES

Profils de carrière : trois types d'astronautes participent aux missions, les pilotes, les spécialistes de mission et ceux des charges embarquées.

Astronautes pilotes : le commandant et le pilote conduisent le vaisseau. Ils doivent avoir au moins 1 000 heures de vol sur jet.

Spécialistes de mission : coordonnent toutes les opérations à bord, effectuent les sorties et les manipulations des charges embarquées.

Spécialistes des charges : ingénieurs et scientifiques sélectionnés hors NASA, ils mettent en œuvre les expériences et les matériels transportés.

Recrutement : la NASA recrute 20 à 30 nouveaux astronautes tous les deux ans.

Sélection : le processus dure environ 8 mois et comprend des entretiens, des examens médicaux et des tests d'orientation.

Entraînement : un minimum de deux ans est requis avant de pouvoir être désigné pour un vol. L'équipage subit alors un entraînement d'une année supplémentaire, spécifique à la mission.

Taille : les candidats mesurent habituellement entre 1 m 60 et 1 m 85.

Cursus universitaire : la plupart des astronautes ont fait de longues études et sont ingénieurs et/ou Docteurs.

▲ ASTRONAUTES ET SCIENTIFIQUES

Jusqu'en 1972, tous les astronautes étaient des pilotes, entraînés pour mener à bien des expériences scientifiques durant leur mission. Puis, en 1972, c'est le Dr Harrison Schmitt, un géologue de renom (ci-dessus) qui fut recruté comme pilote du module lunaire Apollo 17. Schmitt se livra à des études afin de déterminer si la Lune était encore géologiquement active. Depuis cette date, les astronautes sont venus d'horizons divers avec dans leurs rangs des scientifiques de haut niveau désignés en raison de leur compétence par rapport aux expériences prévues durant la mission.

DANS LES SIMULATEURS DE VOL ▼

Les astronautes pilotes répètent leur mission des centaines de fois dans des simulateurs qui comportent les mêmes affichages et commandes que le véritable vaisseau. Les équipages des Soyouz s'entraînent dans le simulateur de la Cité des Étoiles, le centre spatial russe, près de Moscou. Les Américains s'entraînent au décollage, à l'ascension et à l'amarrage dans le simulateur de la Navette à Houston : un brusque basculement de 90° y simule l'accélération au décollage !

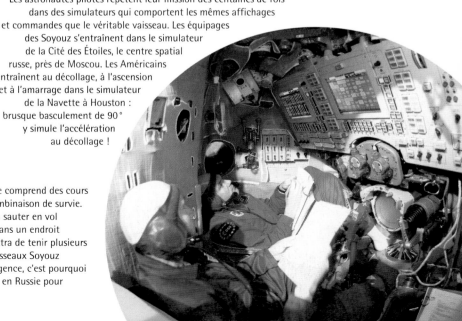

◄ L'ENTRAÎNEMENT À LA SURVIE

La formation aux situations d'urgence comprend des cours de parachute et d'utilisation de la combinaison de survie. Les astronautes qui seraient amenés à sauter en vol risquent de se poser dans la mer ou dans un endroit désert : cet entraînement leur permettra de tenir plusieurs jours en attendant les secours. Les vaisseaux Soyouz serviraient à évacuer l'ISS en cas d'urgence, c'est pourquoi les astronautes américains se rendent en Russie pour s'entraîner sur le simulateur Soyouz.

LE SAUVETAGE DANS L'ESPACE

Les concepteurs des vaisseaux et les planificateurs des missions s'emploient à rendre la conquête de l'espace aussi sûre que possible. Toutefois, les fusées sont si puissantes, les carburants si explosifs et les vaisseaux si complexes que des accidents surviennent malgré toutes les précautions. Apollo 13 avait été lancé à 13 h 13, heure de Houston, le 11 avril 1970. Le 13 avril, à 330 000 km de la Terre, l'équipage entendit un « bang » : un réservoir d'oxygène venait d'exploser, provoquant une rapide perte de puissance et d'alimentation en oxygène. Pendant les quatre jours suivants, astronautes, ingénieurs et scientifiques se battirent pour ramener le vaisseau sur Terre.

HOUSTON TROUVE UNE SOLUTION ▶
Les contrôleurs indiquèrent à l'équipage d'Apollo 13 comment éteindre le module de commande afin de le préserver pour le retour. Les astronautes se réfugièrent ensuite dans le module lunaire (LM). Mais avec trois hommes au lieu des deux prévus, le système de purification d'air ne suffisait plus. Les cartouches filtrantes du module de commande étant incompatibles avec le dispositif du LM, les ingénieurs au sol durent indiquer aux astronautes comment improviser un système de purification du dioxyde de carbone à l'aide des seuls éléments dont ils disposaient.

« Houston, nous avons un problème. »
Jack Swigert, pilote du module de commande d'Appolo 13

UNE RÉPARATION DE FORTUNE ▶
Les conditions de vie dans le module lunaire étaient inconfortables en raison de l'étroitesse et du froid. Prévu à l'origine pour recevoir deux hommes pendant moins de 50 heures, les trois astronautes de la mission Apollo 13 allaient devoir y survivre 84 heures. Le taux de gaz carbonique rejeté par leur respiration commençait à s'élever dangereusement. En suivant pas à pas les instructions données par les contrôleurs au sol, John Swigert (à droite) et James Lovell ont pu construire un filtre à partir de cartouches séparées, d'un sac plastique, d'une conduite d'air récupérée sur un scaphandre et de ruban adhésif... Et ça a fonctionné !

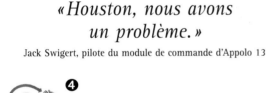

LE CHEMIN DU RETOUR

Les contrôleurs de mission se demandèrent s'ils devaient faire faire à Apollo 13 un demi-tour immédiat pour le ramener sur Terre ou s'il fallait le laisser continuer vers la Lune pour en faire le tour. Mettre en route le moteur du module de service pour rentrer immédiatement leur semblait trop risqué. Envoyer le vaisseau autour de la Lune l'était également car il ne disposait que de la moitié de la puissance électrique nécessaire pour le retour. Finalement, le vaisseau continua vers la Lune, utilisant le moteur du module lunaire pour se replacer sur la bonne trajectoire. Voici le parcours d'Apollo 13 depuis son décollage à 00 h 00 m 00 s.

La trajectoire d'Apollo 13

❶ 4 h 01 m 00 s
Les modules de commande et de service s'amarrent au module lunaire en route vers la Lune.

❷ 30 h 40 m 49 s
Une correction à mi-parcours place Apollo 13 sur la bonne trajectoire pour l'alunissage.

❸ 55 h 54 m 53 s
Un réservoir d'oxygène explose avec un fort «bang». Deux heures plus tard, l'équipage passe dans le module lunaire.

❹ 77 h 33 m 10 s
Le vaisseau réapparaît de l'autre côté de la Lune, 25 minutes après sa disparition.

❺ 105 h 18 m 28 s
Le moteur du module lunaire est mis à feu pendant 14 s pour ajuster la trajectoire.

❻ 138 h 01 m 48 s
Le module de service détérioré est largué. L'équipage découvre enfin l'étendue des dégâts et peut les photographier.

❼ 140 h 10 m 00 s
Le module de commande est remis en fonction pour le retour dans l'atmosphère.

❽ 141 h 30 m 00 s
Le module lunaire est largué et le module de commande commence sa rentrée dans l'atmosphère.

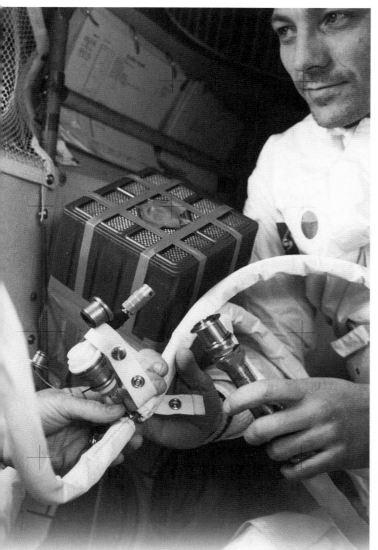

@ ▶▶I
Accident
spatial

L'ÉVALUATION DES DÉGÂTS ▶
Environ cinq heures avant la chute en mer,
Jack Swigert enclencha la procédure SM JETT pour
larguer le module de service. L'équipage put ainsi
l'observer par les hublots pendant qu'il s'éloignait
lentement. Les dégâts étaient tels qu'ils eurent de la
peine à en croire leurs yeux : une baie d'équipement
toute entière, de la base au sommet du module,
avait été soufflée par l'explosion. Des lambeaux
de matériau isolant et des fils emmêlés flottaient
à l'extérieur de la paroi métallique déchirée.

▲ LA CHUTE EN MER
À l'entrée du module de commande dans l'atmosphère, commence l'interruption
de toute communication radio durant 4 minutes. Les contrôleurs espéraient que le
module était intact, sans quoi l'équipage ne pourrait survivre : ils n'obtinrent une
réponse – rassurante – qu'après 4 minutes et 33 secondes d'intense inquiétude.
Peu après le module tombait en mer. Récupérer l'équipage n'était plus que routine.

> *« Messieurs,*
> *ce fut un privilège*
> *de voler avec vous. »*
> James Lovell

LE RETOUR SUR TERRE ▶
Lovell, Swigert et Fred Haise
furent acclamés par les marins
alors qu'ils descendirent de
l'hélicoptère de sauvetage à bord de
l'*USS Iwo Jima*. Lors des examens
médicaux, on vit que Haise souffrait
d'une infection rénale et d'une forte
fièvre causées par le froid glacial à
bord de la capsule et par le manque
d'eau. Les trois astronautes étaient
déshydratés, fatigués et accusaient
une perte de poids : Lovell avait ainsi
perdu plus de 6 kg en six jours.

TECHNIQUES D'INVESTIGATION

Lorsqu'un vaisseau est défaillant et que les débris tombent à terre, ils
sont soigneusement étudiés par les enquêteurs à la recherche d'indices.

La Navette Columbia s'est brisée lors du retour dans l'atmosphère,
le 1er février 2003. Les débris se dispersèrent sur le sol américain sur une
surface de 72 000 km². Chaque élément recueilli fut rapporté au Centre
Spatial Kennedy et disposé dans un immense hangar. Les enquêteurs
étudièrent également les données transmises par la Navette, un film du
lancement et des images prises dans l'espace durant la mission. Ils en
concluent qu'un morceau d'isolant détaché du réservoir extérieur avait
endommagé l'aile gauche, provoquant sa dislocation durant la phase
d'échauffement au moment de l'entrée dans l'atmosphère. En
découvrant la cause d'un accident, on évite qu'il ne se reproduise.

porte deux panneaux solaires.

Cette petite parabole assure la liaison avec la station au sol.

La parabole radio mesure 4,90 m de diamètre et peut être orientée pour suivre d'autres vaisseaux.

◄ DES SATELLITES DE RELAIS
Un réseau de satellites-relais, les TDRS (*Tracking and Data Relay Satellites*, ou «Satellites-relais pour le suivi et le transfert d'informations») entoure la Terre pour assurer la liaison permanente entre la Navette en orbite et la station au sol. La Navette, la Station Internationale, les satellites militaires ou scientifiques communiquent tous grâce au système TDRS. Ces satellites d'une envergure de 17,40 m sont hérissés d'antennes.

LES COMMUNICATIONS

Les communications radio sont vitales pour les vols spatiaux. Les contrôleurs au sol doivent pouvoir vérifier les paramètres du vaisseau et lui transmettre des ordres. Ils doivent aussi pouvoir communiquer avec les astronautes dans le cas de vols habités et durant les sorties extravéhiculaires. Dans les temps héroïques du vol spatial, les communications avec le vaisseau n'étaient possibles que pendant le survol d'une station au sol, le contact étant perdu lorsque le vaisseau disparaissait à l'horizon. À présent, un réseau de satellites entourant la Terre assure un contact permanent avec les vaisseaux en orbite.

Cette parabole de 90 cm émet dans le domaine des micro-ondes.

Le système de communication radio est situé dans la partie frontale de la Navette.

Système de communication fixé au bloc dorsal

Écouteurs et micros disposés dans le casque

Le casque est pressurisé pour permettre à l'astronaute de respirer mais aussi de parler et d'entendre.

◄ COMMUNIQUER DURANT LES SORTIES
Pendant les sorties extravéhiculaires, les cosmonautes restent en liaison radio. Le sous-casque qui enserre la tête sous le casque principal comporte des écouteurs et deux microphones. Les câbles de liaison audio (ainsi que ceux provenant des capteurs biomédicaux assurant le contrôle permanent des fonctions vitales, notamment le rythme cardiaque) traversent le scaphandre pour aboutir au bloc dorsal qui contient les émetteurs et les antennes. Les réglages sont assurés sur un boîtier de commandes porté sur la poitrine.

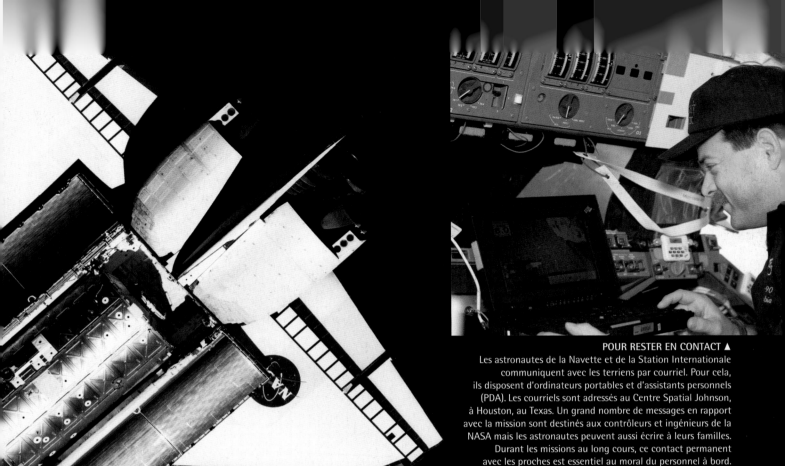

POUR RESTER EN CONTACT ▲

Les astronautes de la Navette et de la Station Internationale communiquent avec les terriens par courriel. Pour cela, ils disposent d'ordinateurs portables et d'assistants personnels (PDA). Les courriels sont adressés au Centre Spatial Johnson, à Houston, au Texas. Un grand nombre de messages en rapport avec la mission sont destinés aux contrôleurs et ingénieurs de la NASA mais les astronautes peuvent aussi écrire à leurs familles. Durant les missions au long cours, ce contact permanent avec les proches est essentiel au moral du personnel à bord.

◄ LES COMMUNICATIONS DE LA NAVETTE

La Navette dispose de quatre systèmes de communication radio distincts. Trois sont utilisés pour véhiculer la voix, les données de bord et les données scientifiques. L'un de ces trois systèmes assure aussi les communications avec les astronautes durant les sorties extravéhiculaires. Le quatrième offre une très large bande passante pour le transport des images de télévision. Dans la Navette, les astronautes se connectent aux systèmes de communication en branchant leur casque micro-écouteur à l'une des prises audio réparties dans le compartiment de l'équipage.

DES ANTENNES JUMELLES ►

La station radio de White Sands, près de Las Cruces, au Nouveau Mexique, assure le trafic radio avec la Navette en orbite. Les communications transitent par des satellites-relais. La station au sol de White Sands comporte deux antennes orientables quasi identiques. Ce système recourant à des satellites-relais et une unique station au sol est plus efficace et moins coûteux qu'un réseau de stations réparties à la surface du globe.

@ ▶▶

Communication

LA SCIENCE DANS L'ESPACE

Les scientifiques mènent des recherches dans l'espace depuis le premier vol. Les signaux de Spoutnik 1 ont servi à tester l'influence de l'atmosphère sur la propagation des ondes radio. Les satellites scientifiques étudient à présent la Terre et l'Univers depuis l'espace. Les missions habitées embarquent aussi des expériences : la microgravité permet de mieux comprendre la structure des matériaux comme les organismes vivants. Et ses effets sur l'organisme sont étudiés de près.

La tête comprend un crâne avec un cerveau en plastique.

Capteurs de radiations fixés à la tête et au torse

Peau formée d'un matériau pare-feu

Recherche scientifique

▲ LA CROISSANCE DES CRISTAUX DANS L'ESPACE

Les cristaux sont d'un usage commun dans les ordinateurs, les caméras et appareils photo, les lecteurs DVD, un grand nombre d'instruments scientifiques et médicaux. Sur Terre, leur croissance est altérée par la gravité, le cristal étant contraint par les parois de son récipient. Dans l'espace, il peut croître librement et est à la fois plus gros et de meilleure qualité. L'étude de la croissance des cristaux en microgravité conduit à mettre au point des méthodes plus efficaces sur Terre.

LES FLAMMES DANS L'ESPACE ▶

L'aspect des flammes est très différent dans l'espace : en l'absence de gravité, les gaz chauds ne montent pas pour donner à la flamme sa forme de fuseau caractéristique. Au contraire, elle s'étend à l'identique dans toutes les directions. De plus, comme elle brûle plus régulièrement et plus lentement, elle ne présente pas de variations de couleur. Les flammes ont été étudiées au cours d'expériences menées dans la Navette : des travaux précieux pour les concepteurs de moteurs propres. La compréhension de leur comportement facilite aussi la lutte contre les incendies dans les vaisseaux spatiaux.

SUR TERRE, LA FLAMME EST ALLONGÉE ET PRÉSENTE UNE EXTRÉMITÉ JAUNE.

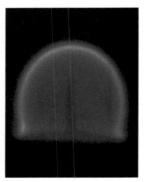

DANS L'ESPACE, LA FLAMME EST SPHÉRIQUE ET RONDE.

▲ LE «TORSE FANTÔME»

Le «torse fantôme» est utilisé pour la recherche sur les radiations dans la Station Spatiale Internationale. L'atmosphère et le champ magnétique terrestre bloquent certaines radiations du Soleil : dans l'espace, les astronautes y sont directement exposés et les scientifiques s'inquiètent de leurs effets sur l'organisme humain. Le «torse fantôme» contient de vrais os et des organes en plastique équipés de détecteurs de rayonnement. Les mesures permettent de prévoir les doses que recevront les astronautes au cours de longues missions.

◀ UNE CHAMBRE HERMÉTIQUE EN MICROGRAVITÉ

La Station Spatiale Internationale est dotée d'une chambre hermétique de 255 litres pour le travail en microgravité. Les astronautes peuvent y mener des expériences sans risquer que des gaz ou des liquides ne se répandent à l'extérieur. Deux gants étanches permettent les manipulations. Des caméras vidéo envoient des images aux scientifiques sur Terre qui suivent pas à pas les expériences. Un ordinateur portable assure le contrôle des expériences et l'enregistrement des données et des résultats.

LES MISSIONS DE SPACELAB

Spacelab était un laboratoire orbital transporté dans la soute de la Navette. Les 25 missions de Spacelab comprenaient notamment :

Spacelab-1, 1983 : 73 expériences d'astronomie, de biologie et d'étude des matériaux.

Spacelab D1, 1985 : financé par l'Allemagne, ce laboratoire étudiait la botanique, la biologie et la croissance des cristaux.

Astro 1, 1990 : des télescopes à ultraviolet et rayons-X utilisés pour observer l'Univers.

SLS 1, 1991 : la première mission Skylab spécifiquement dédiée aux sciences de la vie.

Spacelab J, 1992 : l'équipage rapporte les premiers embryons créés et développés dans l'espace.

Neurolab, 1998 : cette dernière mission étudiait les effets de la microgravité sur le système nerveux.

Le bandeau réduit les
risques de distraction.

Ce câble transfère les informations
sur la position de la tête
vers un ordinateur.

Magnétophone
enregistrant les
commentaires
de l'astronaute

Le casque supprime
les bruits parasites.

▲ DES EXPÉRIENCES SUR LES ASTRONAUTES

L'astronaute Martin Fettman est mis en rotation sur une chaise
pivotante par sa collègue Rhea Seddon, dans le but d'étudier le sens
de l'équilibre. Le casque mesure les mouvements de sa tête pour
permettre la comparaison avec des expériences similaires sur Terre.
Nous sommes ici dans Spacelab SLS-2, un laboratoire transporté dans
la soute de la Navette en 1993 pour une mission dédiée aux sciences
du vivant. Cette expérience était l'une de celles visant à étudier
les effets de la microgravité sur le corps humain.

DES EXPÉRIENCES PEU CONVAINCANTES ▶

On a tenté d'utiliser des satellites reliés à la Navette pour produire
de l'électricité. Le satellite lui-même collectait des données scientifiques et
comportait des propulseurs dont le rôle était de maintenir sous tension le
câble de liaison. Le déplacement de ce câble dans le champ magnétique
terrestre devait générer un courant électrique : une nouvelle source
d'énergie pour les stations spatiales. Lors de la première expérience, le câble
s'est emmêlé au bout de seulement 256 m sur les 20 km qui devaient être
déroulés. À la seconde tentative, il s'est brisé et le satellite s'est échappé !

▲ DES EXPÉRIENCES SUR LA LUNE

Toutes les missions Apollo ont emporté des équipements destinés
à collecter des informations sur les mouvements sismiques, le
magnétisme, le transfert de chaleur à travers le sol lunaire, et sur
le vent solaire. Les instruments laissés sur place ont continué de
transmettre des données pendant des dizaines d'années. Trois
réflecteurs furent utilisés pour mesurer avec une grande précision
la distance Terre-Lune grâce à des faisceaux laser : la distance
moyenne de 385 000 km augmente de 3,8 cm chaque année.

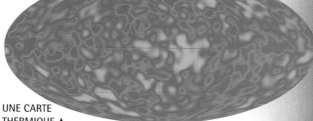

UNE CARTE THERMIQUE ▲

Le satellite COBE (Cosmic Background Explorer) a été lancé en 1990 pour
cartographier le fond cosmologique, faible rayonnement fossile reflétant l'état
de l'Univers peu après le big-bang. Le rayonnement cosmologique a été
détecté dès 1965, mais c'est COBE qui en a réalisé la cartographie précise
grâce à des instruments assez sensibles pour détecter des différences de
température de quelques millionièmes de degrés, révélées par les différentes
couleurs de cette carte. Les scientifiques pensent que ces ondulations
sont à l'origine de la matière formant les étoiles et les galaxies.

...tellite est en
à 23 222 km
d'altitude.

Les antennes de
...ation transmettent
...signaux temporels.

◄ LA NAVIGATION PAR SATELLITE
Le projet européen Galileo vise à fournir un nouveau
système de navigation par satellite, concurrent du
GPS américain qui permet à chacun de connaître
instantanément sa position en tout point de la planète
grâce à la mesure par le récepteur de navigation des signaux
très précis provenant de divers satellites en orbite. Les aides à la
navigation combinent le positionnement par satellite et des cartes
routières, aériennes ou maritimes pour guider le conducteur ou le pilote.

Système de
communication
par laser

Antenne
parabolique de
communication
entre satellites

Les bras des panneaux
solaires mesurent
10 m de long.

LES DONNÉES SATELLITAIRES

Tout le monde utilise les données des satellites : ces appareils
relaient les communications téléphoniques, les signaux TV et le
trafic Internet. Ils fournissent des aides à la navigation et relèvent
des mesures sur les continents, les océans et l'atmosphère.
Ils cartographient la végétation et les roches, dévoilent
l'exploitation illégale des forêts équatoriales, recueillent les données
météo et suivent les cyclones pour permettre aux populations
de se mettre à l'abri. La mesure des courants, des températures
et des vagues aide les scientifiques à comprendre
le fonctionnement des océans. Les militaires, quant
à eux, utilisent des satellites espions.

LES COMMUNICATIONS ▲
Les satellites constituent
une partie essentielle
du réseau mondial de
télécommunications. Ils relaient les communications
téléphoniques, y compris celles des téléphones mobiles.
Les satellites Artemis de l'Agence Spatiale Européenne fournissent
des services dans le domaine de la navigation et des
communications. Ils communiquent par laser avec d'autres
satellites, assurant en moins de 30 minutes la transmission de
leurs images au sol.

@ ▶▶
Satellite
artificiel

Cette caméra assure
le positionnement
du satellite par
rapport aux étoiles.

Le radiomètre mesure
la température
à la surface de l'océan.

Cette antenne
radio transmet
les données
à la Terre.

La couverture thermique
protège le satellite des
températures extrêmes.

▲ ENVISAT
Les données transmises par le satellite
européen Envisat sont précieuses pour aider
les scientifiques à mesurer les modifications
de l'environnement. Le satellite suit une orbite
polaire, observant ainsi successivement les terres,
les océans, l'atmosphère et les glaces. Cette photo
montre les panaches de fumée s'élevant d'incendies
près des côtes du Venezuela : ils indiquent que l'on
brûle la forêt pour permettre la création de zones
cultivables. L'analyse des données provenant de satellites
comme Envisat permet d'identifier les changements
climatiques produits par le réchauffement de la planète.

L'altimètre radar
mesure la hauteur
des vagues et la
courbure de l'océan.

Ce panneau solaire
couvre 70 m².

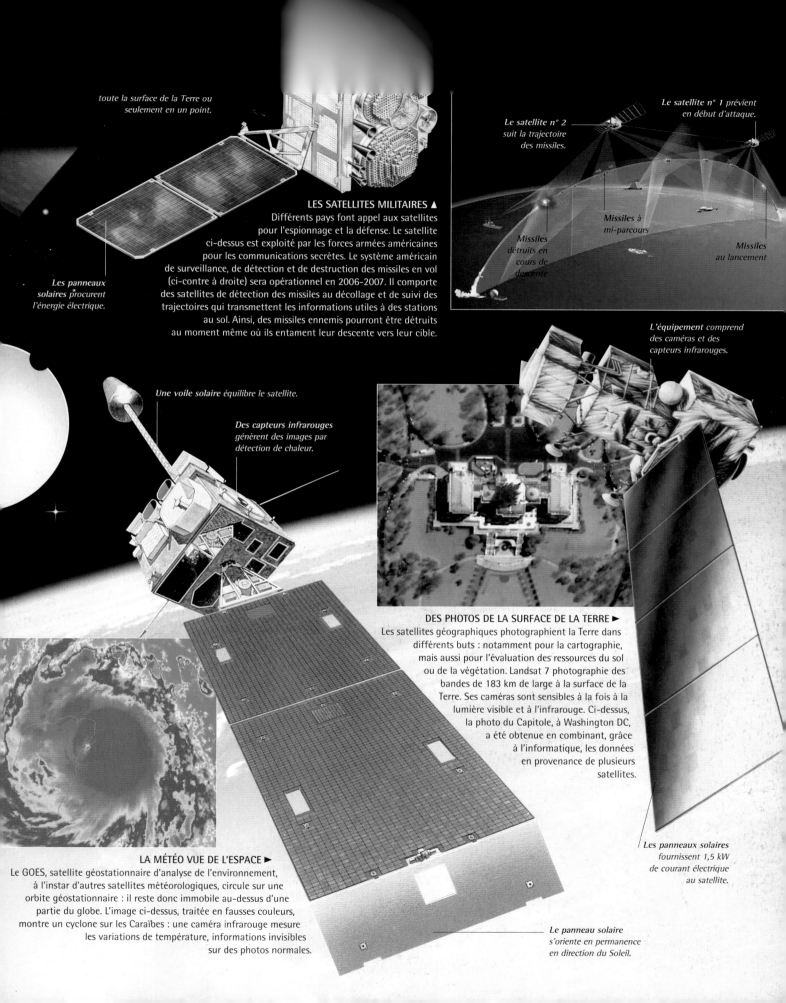

*toute la surface de la Terre ou
seulement en un point.*

*Le satellite n° 1 prévient
en début d'attaque.*

*Le satellite n° 2
suit la trajectoire
des missiles.*

*Missiles à
mi-parcours*

*Missiles
détruits en
cours de
descente*

*Missiles
au lancement*

LES SATELLITES MILITAIRES ▲

Différents pays font appel aux satellites
pour l'espionnage et la défense. Le satellite
ci-dessus est exploité par les forces armées américaines
pour les communications secrètes. Le système américain
de surveillance, de détection et de destruction des missiles en vol
(ci-contre à droite) sera opérationnel en 2006-2007. Il comporte
des satellites de détection des missiles au décollage et de suivi des
trajectoires qui transmettent les informations utiles à des stations
au sol. Ainsi, des missiles ennemis pourront être détruits
au moment même où ils entament leur descente vers leur cible.

*Les panneaux
solaires procurent
l'énergie électrique.*

*L'équipement comprend
des caméras et des
capteurs infrarouges.*

Une voile solaire équilibre le satellite.

*Des capteurs infrarouges
génèrent des images par
détection de chaleur.*

DES PHOTOS DE LA SURFACE DE LA TERRE ▶

Les satellites géographiques photographient la Terre dans
différents buts : notamment pour la cartographie,
mais aussi pour l'évaluation des ressources du sol
ou de la végétation. Landsat 7 photographie des
bandes de 183 km de large à la surface de la
Terre. Ses caméras sont sensibles à la fois à la
lumière visible et à l'infrarouge. Ci-dessus,
la photo du Capitole, à Washington DC,
a été obtenue en combinant, grâce
à l'informatique, les données
en provenance de plusieurs
satellites.

*Les panneaux solaires
fournissent 1,5 kW
de courant électrique
au satellite.*

LA MÉTÉO VUE DE L'ESPACE ▶

Le GOES, satellite géostationnaire d'analyse de l'environnement,
à l'instar d'autres satellites météorologiques, circule sur une
orbite géostationnaire : il reste donc immobile au-dessus d'une
partie du globe. L'image ci-dessus, traitée en fausses couleurs,
montre un cyclone sur les Caraïbes : une caméra infrarouge mesure
les variations de température, informations invisibles
sur des photos normales.

*Le panneau solaire
s'oriente en permanence
en direction du Soleil.*

LE TÉLESCOPE SPATIAL HUBBLE

Avril 1990 : un télescope de la grosseur d'un autobus est largué dans l'espace, en orbite terrestre, par la Navette. C'est le télescope spatial Hubble, ou HST *(Hubble Space Telescope)*, du nom de l'astronome américain Edwin Hubble. Peu après son lancement, les astronomes constatent un manque de netteté des images : le miroir primaire est parfaitement poli mais sa courbure n'est pas la bonne. Une erreur équivalant au cinquantième de l'épaisseur d'un cheveu a été commise et cela suffit à compromettre ses performances ! En 1993, la Navette spatiale assure une mission de correction. Depuis lors, Hubble a fourni des milliers d'extraordinaires photos de l'Univers.

LES CARACTÉRISTIQUES DE HUBBLE		
Longueur : 13,20 m		
Diamètre : 4,20 m (sans les panneaux solaires) 12 m hors tout, panneaux compris		
Panneaux solaires : 12 x 2,80 m		
Masse : 11,1 tonnes		
Orbite : 569 km d'altitude		
Vitesse : 28 000 km/h		

▼ HUBBLE EN OPÉRATION

La lumière pénètre par l'ouvertur du tube le plus étroit, se réfléchit sur le miroir primaire situé au fond de l'instrument puis sur un petit miroir secondaire en direction des récepteurs, à travers une ouverture située au centre du miroir primaire. Ses différents instruments permettent de photographier les étoiles, les planètes du système solaire et les objets du ciel profond tels que les galaxies. La caméra à « faible flux » offre une sensibilité cinq fois supérieure à celle du télescope au sol le plus sensible.

Hubble

▲ LA COMMANDE À DISTANCE DE HUBBLE

Le télescope Hubble est contrôlé depuis l'Institut des Sciences spatiales de Baltimore, dans le Maryland, aux États-Unis. L'équipe des opérations de vol le pilote pour l'orienter dans la direction voulue. Pour fournir des images parfaitement nettes, il doit par ailleurs rester pointé sur l'objet visé avec une extrême précision, équivalant à l'épaisseur d'un cheveu vu à 1,6 km de distance ! Hubble est actif 24 h sur 24 et 7 jours sur 7 : il transmet chaque semaine assez de données pour remplir une douzaine de DVD !

Cette antenne « grand gain » reçoit les ordres du sol.

Le diamètre du miroir secondaire est de 30 cm.

Le diamètre du miroir primaire est de 2,40 m.

Les panneaux solaires se déroulent durant la mise en œuvre de Hubble.

Le module instrumental contient les caméras et les autres instruments.

◄ LE LANCEMENT DE HUBBLE

Le télescope spatial Hubble a été lancé depuis la navette Discovery le 24 avril 1990. Le bras manipulateur l'a doucement extrait de la soute avant que les panneaux solaires, spécialement conçus à cette fin, ne se déroulent automatiquement. Le premier s'est déployé normalement tandis que le second s'est bloqué. Les astronautes s'étaient équipés pour une sortie extravéhiculaire afin de résoudre ce problème, mais un nouvel essai s'est finalement soldé par un succès.

Le bras manipulateur de la Navette assure le déploiement de Hubble.

IMAGE AUX RAYONS-X DE CHANDRA

IMAGE OPTIQUE DU TÉLESCOPE HUBBLE

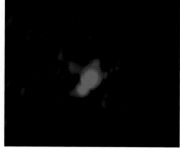

IMAGE RADIO DU VERY LARGE ARRAY

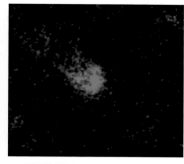

IMAGE OPTIQUE DE L'OBSERVATOIRE DE KITT PEAK

Volet mobile de protection du tube optique

Rampe à laquelle les astronautes peuvent se tenir pendant les opérations d'entretien

Le magnétomètre détecte les mouvements du télescope par rapport au champ magnétique terrestre.

Les panneaux solaires contiennent 25 000 cellules individuelles.

Cette antenne à «grand gain» transmet les données au sol.

UNE COOPÉRATION EFFICACE ►

Les images en provenance de différents instruments peuvent être combinées pour fournir davantage d'informations. Cette photo composite a été obtenue en associant les images en lumière visible du télescope Hubble et de l'observatoire national de Kitt Peak, une image du radiotélescope du Very Large Array, ainsi qu'une image en rayons-X réalisée par le satellite Chandra. Elle montre la galaxie C153 qui se déchire sous l'influence gravitationnelle d'un amas de galaxies qu'elle traverse actuellement à la vitesse de 7 millions de km/h.

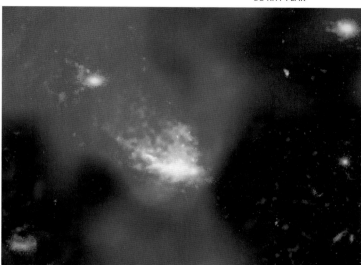

◄ LE TÉLESCOPE SPATIAL SPITZER

Le télescope spatial Spitzer a été lancé le 25 août 2003. Il produit des images dans le domaine des ondes infrarouges de grande longueur d'onde (le rayonnement calorifique), arrêtées par l'atmosphère terrestre. Ce télescope de 85 cm de diamètre peut ainsi «voir» à travers les nuages de poussières et de gaz de l'espace lointain, révélant des objets et des structures invisibles pour les télescopes terrestres travaillant dans le domaine de la lumière visible. Il sait aussi détecter des étoiles «froides» et des planètes en orbite autour d'étoiles lointaines.

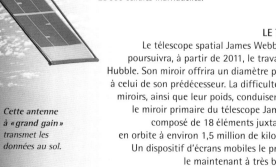

Télescope optique doté d'un miroir primaire de 6,5 m de diamètre

Cet écran mobile maintiendra le télescope froid.

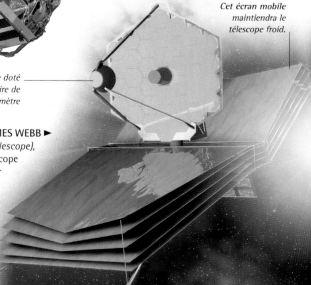

LE TÉLESCOPE SPATIAL JAMES WEBB ►

Le télescope spatial James Webb, ou JWST (J. W. Space Telescope), poursuivra, à partir de 2011, le travail commencé par le télescope Hubble. Son miroir offrira un diamètre plus de deux fois supérieur à celui de son prédécesseur. La difficulté à réaliser des grands miroirs, ainsi que leur poids, conduisent à les fractionner : le miroir primaire du télescope James Webb sera donc composé de 18 éléments juxtaposés. Il sera lancé en orbite à environ 1,5 million de kilomètres de la Terre. Un dispositif d'écrans mobiles le protégera du Soleil, le maintenant à très basse température (environ –240 °C en fonctionnement).

LA GALERIE DE PHOTOS DE HUBBLE

Le télescope spatial Hubble a donné aux astronomes une vision incroyablement précise de l'Univers. Parmi les plus beaux objets photographiés, les nébuleuses dites «planétaires» : de gigantesques coquilles de poussières et de gaz éjectées par des étoiles en fin de vie, les supernovæ. Hubble a aussi capté des collisions de galaxies, des jets de matière fusant dans l'espace et des galaxies parmi les plus lointaines jamais observées.

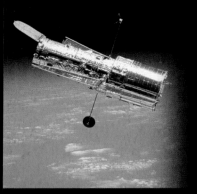

Hubble

LA NÉBULEUSE DE L'ŒUF
NGC7027 est formée de vagues de poussières éjectées par l'étoile centrale mourante, à 3 000 années-lumière de distance (1 AL est égale à 9,5 milliards de km). La vue en lumière polarisée et interprétée en fausses couleurs montre les vagues de densité dans la coquille de poussières.

LA NÉBULEUSE DE L'ŒUF POURRI
Aussi nommée «Calebasse», elle doit son nom à la concentration en soufre qui dégage une odeur... d'œuf pourri !

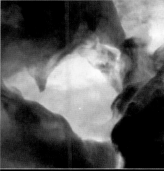

DES TORNADES DANS LA LAGUNE
À 5 000 années-lumière, ce tunnel dans la nébuleuse M8, est formé par deux masses de gaz spiralant autour d'une étoile chaude.

UNE NÉBULEUSE À DEUX JETS OPPOSÉS
Hubble a photographié ces deux jets de gaz jaillissant d'une étoile centrale à la vitesse de 300 km par seconde.

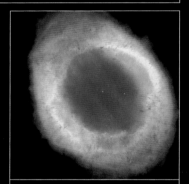

LA NÉBULEUSE DE L'ANNEAU
Au centre de la nébuleuse planétaire M57, très connue, flotte une étoile mourante dans un brouillard bleuté de gaz chauds.

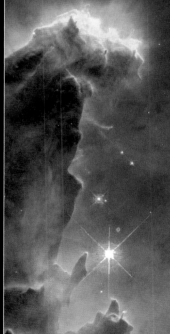

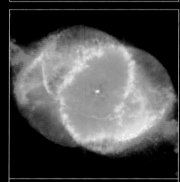

LA NÉBULEUSE DE L'ŒIL DE CHAT
La nébuleuse planétaire NGC6543, âgée de 1 000 ans, montre des coquilles et des jets de gaz entourant une ou deux étoiles mourantes.

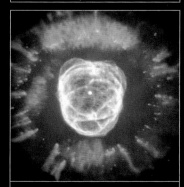

LA NÉBULEUSE DE L'ESQUIMAU
NGC2392 est produite par une étoile mourante et rappelle une tête d'esquimau entourée d'un capuchon de fourrure.

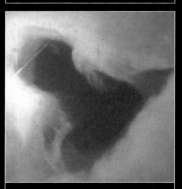

UNE NÉBULEUSE PAR RÉFLEXION
La poussière qui environne NGC1999 réfléchit la lumière des étoiles cachées derrière la zone obscure.

LA NÉBULEUSE DE L'AIGLE
Hubble a découvert dans M16 ces colonnes de poussières et d'hydrogène froid où se forment de nouvelles étoiles.

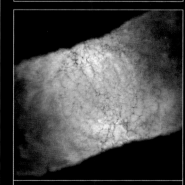

LA NÉBULEUSE DE LA RÉTINE
Cet arc-en-ciel (IC4406) est une vue par le côté d'un anneau de gaz et de poussières propulsés par une étoile mourante.

LA SUPERNOVA DES DENTELLES DU CYGNE
Panaches de gaz d'une supernova qui a explosé il y a 15 000 ans avec un éclat supérieur à celui d'une galaxie.

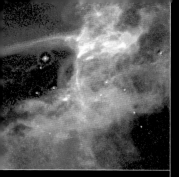

UN AMAS GLOBULAIRE DE VIEILLES ÉTOILES
Ce grouillement d'étoiles anciennes appelé NGC 6093 ou M80, est l'un des plus denses de notre Galaxie, la Voie lactée.

L'AMAS DU QUINTUPLET
Hubble a dévoilé cet amas d'étoiles jeunes, caché par des nuages de poussières près du centre de notre Galaxie, dans le Sagittaire.

UN X À L'EMPLACEMENT D'UN TROU NOIR
Ce X au centre de la galaxie spirale M51 voisine est le signe de la présence d'un trou noir d'une masse de un million de soleils.

UN HALO EN EXPANSION
Cette coquille est une bulle de gaz et de poussières en expansion, illuminée par une supergéante rouge, V838 Monocerotis.

LE CYCLE DE LA VIE STELLAIRE
La nébuleuse géante NGC3603 comprend des étoiles de tous âges, des plus jeunes, au centre, jusqu'à des supergéantes anciennes.

UN REGARD VERS LE PASSÉ
Ces galaxies très anciennes montrées par Hubble ont été formées une centaine de millions d'années après le big-bang.

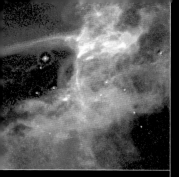

JUPITER
Hubble a réalisé de magnifiques photos des planètes du système solaire : voici une vue de l'atmosphère de la géante Jupiter.

DES ÉTOILES EN FORMATION
De longs filaments de gaz tournoyants autour de la galaxie NGC 3079, produits par une profusion d'étoiles en formation.

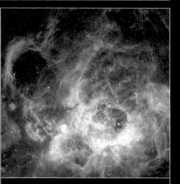

UNE PÉPINIÈRE D'ÉTOILES
Hubble s'est focalisé ici sur une région active dans un bras de la galaxie spirale M33, où se forment de nouvelles étoiles.

LA NAISSANCE D'UNE ÉTOILE
La galaxie naine NGC1569 est un haut lieu de formation d'étoiles, produisant des amas d'étoiles bleues, jeunes et brillantes.

LA GALAXIE DU TÉTARD
La galaxie UGC10214 comporte des géantes bleues, dix fois plus chaudes et un million de fois plus brillantes que le Soleil.

LE CHOC DES GÉANTES : DEUX GALAXIES ENTRE EN COLLISION
Ces deux galaxies, NGC2207 à gauche and IC2163, se heurtent tout en tournant autour de leurs noyaux. Les effets de marée gravitationnelle de la plus massive déforme son « adversaire » plus légère, produisant des jets de gaz et d'étoiles de 100 000 années-lumière de long.

UNE SPIRALE PLEINE DE POUSSIÈRES
Les bras de cette majestueuse spirale sont riches en nuages de poussières et d'hydrogène éclairés par des étoiles jeunes.

DE LA FERRAILLE DANS L'ESPACE

Où que les fusées et les vaisseaux spatiaux aillent, ils laissent derrière eux des débris. Ceux-ci varient de la pièce métallique ou écaille de peinture microscopique jusqu'à des vaisseaux entiers. Les débris posent de très sérieux problèmes en raison des risques de collision avec les satellites, habités ou non. Se déplaçant à 28 000 km/h, même un élément de la taille d'un petit pois peut causer de sérieux dégâts. La première collision répertoriée s'est produite en juillet 1996 lorsque le satellite français Cerise a été heurté par un débris et dévié de sa trajectoire. La plupart des débris en orbite proviennent de l'explosion de fusées.

@ ▶▶
Déchet
spatial

▲ UNE AIGUILLE DANS UNE BOTTE DE FOIN
Les débris dans l'espace sont suivis par radar. La principale source d'information de la NASA sur les éléments de taille comprise entre 1 et 30 cm est le radar à rayons-X Haystack du Massachusetts Institute of Technology. Il est capable de repérer une pièce de la taille d'un pois à 600 km de distance afin d'alerter les vaisseaux. Les scanners de type Haystack ont établi que la plupart des débris tournent à moins de 2 000 km d'altitude, avec de fortes concentrations à 800 km, 1 000 et 1 500 km.

Chaque point est un débris en orbite autour de la Terre.

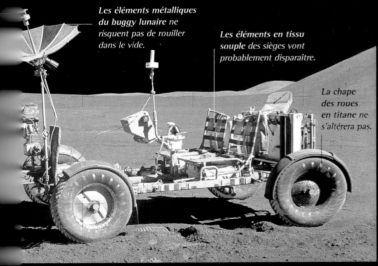

Les éléments métalliques du buggy lunaire ne risquent pas de rouiller dans le vide.

Les éléments en tissu souple des sièges vont probablement disparaître.

La chape des roues en titane ne s'altérera pas.

Les débris tournent à environ 29 000 km/h.

Plus de 100 000 débris mesurent entre 1 et 30 cm.

▲ DES CARCASSES LUNAIRES
La Lune est jonchée de déchets d'origine terrestre. Des sondes se sont écrasées ou se sont posées avant l'arrivée des vols habités. Les étages de descente de six missions Apollo sont restés sur place. Trois d'entre eux emportaient des véhicules de type rover ou buggy qui sont eux aussi abandonnés depuis les années 1970. En l'absence d'air et d'humidité, ils ne vont ni rouiller ni moisir. Dans dix ou mille ans, une seule chose les empêchera d'être remis en fonctionnement, ce sont les batteries déchargées !

LA FERRAILLE EN ORBITE ▶
La Terre est entourée de débris. Les éléments en orbite basse, à moins de 600 km, redescendent dans l'atmosphère après quelques années. Autour de 800 km, ils peuvent rester en orbite des dizaines d'années. À plus de 1 000 km, leur durée de vie en orbite peut dépasser un siècle. On ne peut rien faire quant aux débris déjà en orbite, mais les nations spatiales ont élaboré des procédures pour en réduire le nombre dans le futur.

SKYLAB RETOMBE SUR TERRE ►

Ce sont les anciennes stations spatiales qui constituent les plus gros débris. À la fin de leur vie, elles retombent dans l'atmosphère. Le dernier équipage a quitté la station américaine Skylab le 8 février 1974 : son orbite s'est graduellement abaissée jusqu'à ce qu'elle plonge dans l'atmosphère le 11 juillet 1979. Skylab était trop gros pour brûler entièrement : des pièces pesant jusqu'à 373 kg sont tombées dans l'océan Indien et en Australie. En 2001, la station russe Mir s'est disloquée en 1 500 pièces, à 72 km d'altitude, avant de retomber dans l'océan Pacifique.

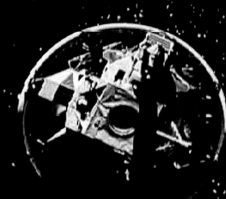

Plus de 11 000 débris mesurent au moins 10 cm.

LOIN DE LA TERRE ►

Ici, on peut voir, en route vers la Lune, le module lunaire d'Apollo 17 dans le troisième étage de la fusée Saturn V (en haut). Les particules qui flottent alentour sont des éclats de peinture et des débris de l'isolant libérés à la séparation du troisième étage. Après avoir placé les astronautes en orbite, le troisième étage, devenu inutile, fut propulsé vers la Lune où il s'est écrasé pour tester les sismographes (détecteurs d'ondes sismiques) laissés sur place. Les débris des précédentes missions lunaires sont pour leur part en orbite autour du Soleil.

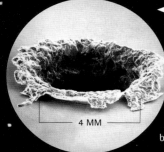

4 MM

◄ MICRO-IMPACTS

Les débris microscopiques peuvent causer de gros dégâts à l'impact en raison de leur vitesse. Ce cratère de 4 mm a été creusé dans un hublot de la Navette par l'impact d'un éclat de peinture mesurant moins de 0,5 mm ! Après 15 ans passés dans l'espace, la station Mir était constellée de cratères et de bosses. Pour se protéger des débris flottants, la Station Spatiale Internationale est plus lourdement blindée que les autres vaisseaux.

Flash d'impact sur la cible dans une chambre de test de la NASA

Des dizaines de millions de débris mesurent moins de 1 cm.

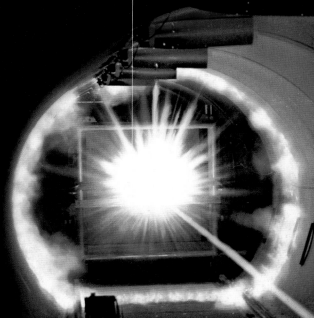

ÉTUDE D'IMPACTS ►

Ce flash est produit par l'impact d'un objet frappant une surface à 28 000 km/h. Des expériences de ce type, menées au centre balistique d'hypervélocité de la NASA, en Californie, simulent l'effet d'un débris heurtant un vaisseau spatial. En 1985, un satellite a été volontairement détruit dans l'espace afin de voir ce que deviendraient les morceaux. L'impact a produit 285 débris qui ont été suivis par radar. En janvier 1998, tous sauf huit étaient rentrés dans l'atmosphère.

EN ROUTE VERS LES PLANÈTES

Les sondes spatiales ont commencé l'exploration du système solaire au début des années 1960. Elles ont croisé les planètes, se sont mises en orbite autour d'elles, elles ont pénétré ou bien se sont écrasées ou posées sur chacune d'entre elles sauf Pluton. Hérissées d'instruments, elles nous transmettent énormément d'informations et des milliers d'images sur notre voisinage planétaire. Les sondes expédiées aux confins du système solaire tirent leur énergie de réacteurs nucléaires miniatures pour pallier la faible énergie solaire disponible.

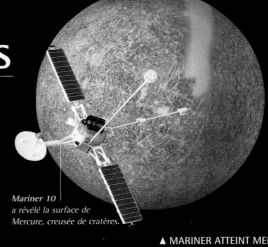

Mariner 10 a révélé la surface de Mercure, creusée de cratères.

▲ MARINER ATTEINT MERCURE

Grâce à Mariner 10, les scientifiques ont obtenu le premier cliché en gros plan de Mercure. Lancée en 1973, ce fut le premier appareil à visiter deux planètes successivement : l'attraction gravitationnelle de Vénus permit à la sonde de 503 kg de rebondir en direction de Mercure. Mariner 10 fut la première à tirer parti de cette manœuvre, appelée « fronde gravitationnelle ». Entre 1974 et 1975, elle survola Mercure à seulement 271 km d'altitude, à trois reprises, réalisant 2 800 photographies.

Odyssey a pris de Mars des images thermiques pour dévoiler aux scientifiques sa nature minérale.

◄ MARS LA ROUGE

Mars a fasciné les peuples pendant des siècles. En 1965, Mariner 4 en a pris des photos, cherchant des traces de vie, en vain. Deux sondes Viking s'y posèrent en 1976 pour analyser le sol, avec des résultats incertains. Puis un petit rover appelé Sojourner s'est posé en 1997 sur la Planète rouge, envoyant 550 images vers la Terre. En 2001, Odyssey s'est mis en orbite autour de Mars pour étudier le climat et la géologie. En 2004, deux gros rovers, Spirit et Opportunity, se sont posés pendant que d'autres cartographiaient sa surface, toujours à la recherche de traces de vie.

Galileo a photographié Jupiter et ses satellites, y compris Europa.

◄ JUPITER LA GÉANTE

Jupiter est la plus grosse planète du système solaire : elle contiendrait plus de 1300 fois la Terre. Un immense cyclone, la Grande Tache Rouge, fait rage dans son atmosphère depuis plus de 300 ans. Les premiers gros plans ont été réalisés par Pioneer 10 en 1973, suivi par Pioneer 11 et par deux sondes Voyager. En 1995, après 6 ans de voyage, Galileo s'est mis en orbite autour de Jupiter avant de lâcher une mini-sonde dans son atmosphère, montrant que la géante gazeuse était surtout composée d'hydrogène.

VÉNUS ►

Cette image en fausses couleurs de Vénus a été obtenue grâce aux données radar collectées par plusieurs sondes, dont Pioneer Venus et Magellan. La surface est dissimulée derrière une atmosphère épaisse et toxique que seul le radar peut percer. Les données sont traitées par ordinateur pour créer une vue en 3-D (page de droite). La sonde soviétique Venera 3 a été la première à se poser à la surface de Vénus en 1965.

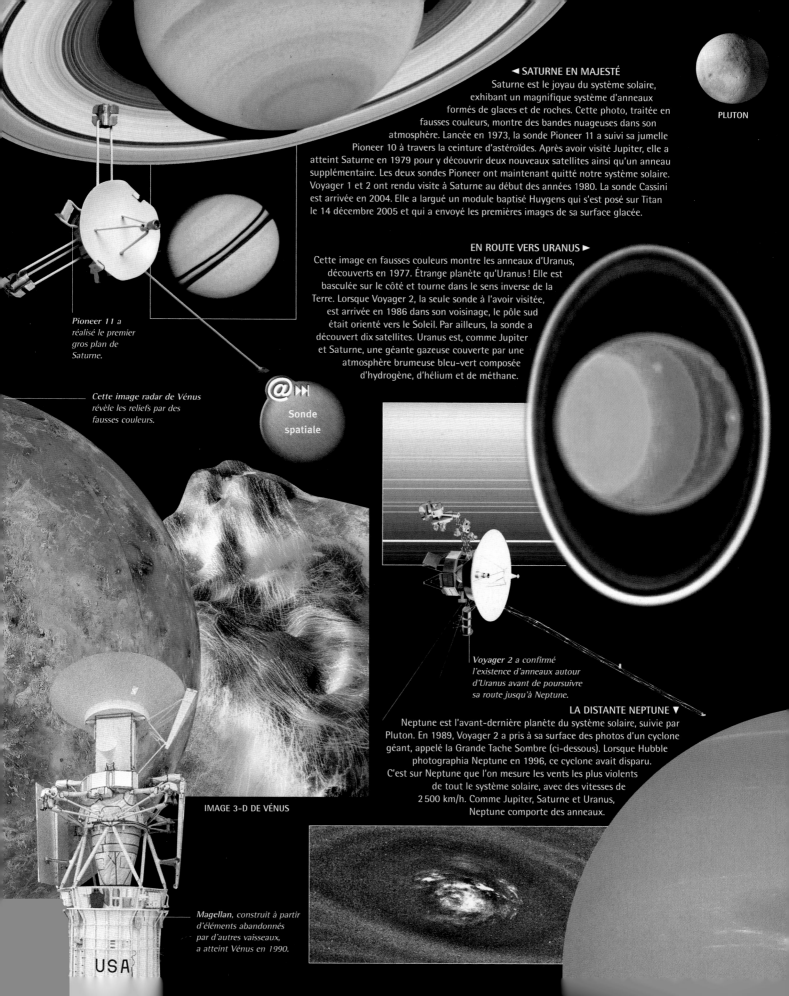

PLUTON

◄ SATURNE EN MAJESTÉ

Saturne est le joyau du système solaire, exhibant un magnifique système d'anneaux formés de glaces et de roches. Cette photo, traitée en fausses couleurs, montre des bandes nuageuses dans son atmosphère. Lancée en 1973, la sonde Pioneer 11 a suivi sa jumelle Pioneer 10 à travers la ceinture d'astéroïdes. Après avoir visité Jupiter, elle a atteint Saturne en 1979 pour y découvrir deux nouveaux satellites ainsi qu'un anneau supplémentaire. Les deux sondes Pioneer ont maintenant quitté notre système solaire. Voyager 1 et 2 ont rendu visite à Saturne au début des années 1980. La sonde Cassini est arrivée en 2004. Elle a largué un module baptisé Huygens qui s'est posé sur Titan le 14 décembre 2005 et qui a envoyé les premières images de sa surface glacée.

Pioneer 11 a réalisé le premier gros plan de Saturne.

Cette image radar de Vénus révèle les reliefs par des fausses couleurs.

@ ▶▶
Sonde
spatiale

EN ROUTE VERS URANUS ►

Cette image en fausses couleurs montre les anneaux d'Uranus, découverts en 1977. Étrange planète qu'Uranus ! Elle est basculée sur le côté et tourne dans le sens inverse de la Terre. Lorsque Voyager 2, la seule sonde à l'avoir visitée, est arrivée en 1986 dans son voisinage, le pôle sud était orienté vers le Soleil. Par ailleurs, la sonde a découvert dix satellites. Uranus est, comme Jupiter et Saturne, une géante gazeuse couverte par une atmosphère brumeuse bleu-vert composée d'hydrogène, d'hélium et de méthane.

Voyager 2 a confirmé l'existence d'anneaux autour d'Uranus avant de poursuivre sa route jusqu'à Neptune.

IMAGE 3-D DE VÉNUS

LA DISTANTE NEPTUNE ▼

Neptune est l'avant-dernière planète du système solaire, suivie par Pluton. En 1989, Voyager 2 a pris à sa surface des photos d'un cyclone géant, appelé la Grande Tache Sombre (ci-dessous). Lorsque Hubble photographia Neptune en 1996, ce cyclone avait disparu. C'est sur Neptune que l'on mesure les vents les plus violents de tout le système solaire, avec des vitesses de 2 500 km/h. Comme Jupiter, Saturne et Uranus, Neptune comporte des anneaux.

Magellan, construit à partir d'éléments abandonnés par d'autres vaisseaux, a atteint Vénus en 1990.

USA

LES MISSIONS VERS MARS

Deux rovers baptisés Spirit et Opportunity se sont posés dans des régions opposées de Mars en janvier 2004. Ils font partie du programme à long terme de la NASA pour l'exploration de la Planète rouge. Leur objectif principal consiste à rechercher les traces de la présence d'eau liquide sur Mars dans le passé. Spirit s'est posé dans le cratère de Gusev et Opportunity sur Meridiani Planum. Ces sites ont été retenus parce que, à l'origine, le cratère Gusev a pu être un lac, et que Meridiani Planum comporte des minéraux associés à de l'eau.

ACIDALIA PLANITIA

CRATÈRES D'IMPACT DE MÉTÉORITES

LUNAE PLANUM

GANGES CHASMA

VALLES MARINERIS SYSTÈME DE CANYON GÉANT

SOLIS PLANUM

TEMPÊTE DE SABLE TOURBILLONNANTE

LES NIVEAUX DE RADIATION SUR MARS

Ces cartes indiquent le niveau de radiations sur toute la surface de la planète : des centaines de fois plus élevés que sur Terre. Les astronautes devraient pouvoir survivre à une mission sur Mars, mais, pour l'heure, il semble plus sage d'y envoyer des robots.

Carte en fausses couleurs montrant les zones à fortes radiations.

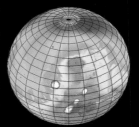

Aux États-Unis, la dose annuelle de radiations est de 150 millirems (ou 1,5 millisievert) au niveau de la mer. Millirems et millisieverts sont des unités de dose d'irradiation.

◄ UN ENVIRONNEMENT HOSTILE

De toutes les planètes, Mars est celle qui ressemble le plus à la Terre par ses calottes polaires, son atmosphère, son climat et ses saisons. Mais l'environnement y est néanmoins beaucoup plus hostile que sur notre planète. L'atmosphère martienne, formée essentiellement de dioxyde de carbone (gaz carbonique), est 100 fois plus ténue que la nôtre. La sonde Viking, qui s'est posée en 1976, a enregistré des températures nocturnes aussi basses que − 100 °C. Le sol est poussiéreux et sec. Les vents violents soulèvent la fine poussière en tempêtes de sable pouvant atteindre 400 km/h.

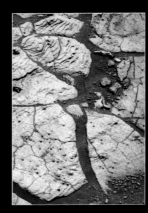

◄ DES TRACES D'EAU ?

Opportunity a pris cette photo traitée en fausses couleurs d'un rocher affleurant le sol dans la zone baptisée le « Patio de Shoemaker ». De fines couches sédimentaires lui donnent son aspect rayé. On y voit sur toute la surface de petits grains ronds appelés « myrtilles ». Ces concrétions ne se forment qu'en environnement humide : des preuves solides en faveur de l'hypothèse selon laquelle de l'eau liquide a jadis coulé sur Mars.

MARS EN CHIFFRES

Diamètre à l'équateur : 6 794 km

Distance moyenne au Soleil : 227,9 millions de km

Année martienne (durée d'une révolution) : 687 jours

Journée martienne (durée d'une rotation) : 24,62 h

Masse : 0,11 fois la masse terrestre

Gravité : 0,38 fois la gravité terrestre

Température moyenne : − 63 °C

Satellites : 2 (Phobos et Deimos)

▲ UNE PLANÈTE ROUGE DE ROUILLE

Cette photo panoramique montre la région dans laquelle s'est posé Spirit. La surface poussiéreuse de Mars doit sa couleur rouge à la grande quantité de fer combiné à de l'oxygène : en d'autres termes, de l'oxyde de fer, qui n'est autre que de la rouille ! La dépression à gauche de la zone jonchée de rochers est un cratère de 200 m baptisé Bonneville, probablement creusé par une météorite massive qui s'est fracassée à la surface de la planète. Mars a été très souvent frappée par des météorites qui ont laissé une couche de débris superficiels.

LA PLONGÉE VERS LE SOL
Le vaisseau transportant le rover pénètre l'atmosphère martienne à près de 20 000 km/h. La friction l'échauffe à 1 450 °C. L'atmosphère agit à ce moment comme un puissant système de freinage.

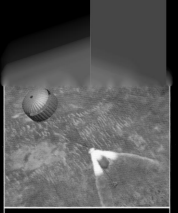

LA MISE À FEU DES RÉTROFUSÉES
À 9 000 m d'altitude, un parachute est déployé. Vingt secondes plus tard, le bouclier thermique est libéré et des airbags se gonflent pour protéger le rover du choc au contact avec le sol. Des rétrofusées l'immobilisent à 10 m d'altitude.

LE CONTACT AVEC LA SURFACE
Le module de dépose se décroche alors du parachute et tombe au sol. Il rebondit et roule sur près de un kilomètre. Une fois arrêté, il adresse à la Terre un signal radio, indiquant son arrivée à bon port !

EN ROUTE POUR L'EXPLORATION !
Les airbags sont alors dégonflés et le module de dépose s'ouvre et se déploie pour former une plate-forme et des rampes de descente. Le rover déploie ses panneaux solaires et peut alors s'avancer doucement pour son premier contact avec le sol martien.

DES VÉHICULES MARTIENS ▶
Les géologues robotisés Spirit et Opportunity mesurent 1,50 m de haut et pèsent 185 kg. Six roues mues par des moteurs électriques assurent leurs déplacements sur la surface accidentée de Mars. Des caméras et divers instruments localisent les roches intéressantes et les analysent. Peu après le lever du Soleil, les rovers reçoivent leurs instructions de la Terre et se mettent au travail jusqu'au soir. Les données collectées, y compris les images, sont envoyées à la Terre grâce au réseau spécifique appelé DSN *(Deep Space Network)*, ou via un satellite en orbite martienne.

Ces caméras de navigation fournissent aux scientifiques de la NASA des vues du terrain permettant de planifier les déplacements du rover.

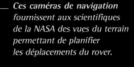

Mars

Ces caméras panoramiques prennent des photos en haute résolution de la surface de Mars sur un angle de champ étendu.

Le mât orientable supporte les caméras panoramiques et de navigation. Il tourne sur 360° pour permettre la prise de vues dans toutes les directions.

Antenne à faible gain pour les communications radio

L'antenne à grand gain relaie les découvertes jusqu'au vaisseau en orbite martienne ou vers le réseau Deep Space (DSN) de la NASA.

Les panneaux solaires produisent l'énergie nécessaire grâce aux rayons du Soleil.

Le bras robot porte un outil de forage pour récolter des échantillons de roches et un photomicroscope pour l'observation détaillée.

Ces roues spéciales montées sur des bras articulés sont conçues pour les déplacements en terrain accidenté.

Deux spectromètres analysent les roches.

ALERTE AUX ASTÉROÏDES

Le système solaire s'est formé à partir d'un nuage de gaz et de poussières, il y a 4,5 milliards d'années. Des grumeaux de matière plus denses exerçant une attraction plus forte sur leur voisinage ont provoqué des collisions de plus en plus nombreuses, produisant, par un processus lent et progressif appelé « accrétion », des objets de plus en plus gros. Les astéroïdes sont des résidus de cette période qui ne sont pas parvenus à grossir jusqu'au stade de planètes. La plupart tournent autour du Soleil entre Mars et Jupiter, mais des collisions les expédient parfois sur des orbites pouvant croiser celle de la Terre et produire des impacts dévastateurs.

IDA

DACTYL

◄ SATELLITE D'ASTÉROÏD
Plus petits que les planèt les astéroïdes exercent u attraction gravitationnelle bien plus faible. Cela ne les empêche pas, à ,l'occasion, d'attire des objets encore plus petits. En 1993 la sonde Galileo, en route vers Jupiter, a croisé l'astéroïde Ida. Mesurant 58 km de long, Ida doit avoir environ 1 milliard d'anné à en juger par sa surface constellée de cratères d'impact de météorites. Les photos prises par Galileo ont révélé la présence d'un compagnon, un petit satellite appelée Dactyl, en orbite autour du gros astéroïde.

L'antenne de télécommunications mesure 1,50 m de diamètre.

Les panneaux solaires produisent 1,8 kW de puissance électrique.

SONDE NEAR SHOEMAKER

DANS L'INTIMITÉ D'ÉROS ►
La mission NEAR était la première spécifiquement destinée à l'étude d'un astéroïde. En février 2000, la sonde NEAR Shoemaker s'est approchée de l'astéroïde 433 Éros. Les contrôleurs au sol l'ont alors placée en orbite autour d'Éros. Après un an passé à prendre des photos à seulement 5 km d'altitude, la sonde a été posée à la surface de l'astéroïde en février 2001.

5 KM

Moteur directionnel permettant d'orienter la sonde

LES MÉTÉORITES ►
Des milliards de morceaux de roches, certains de la taille d'un grain de sable, pénètrent l'atmosphère terrestre chaque jour. La plupart se consument en un trait de lumière visible sur le ciel nocturne : ce sont les étoiles filantes. Les météorites sont issues de blocs suffisamment gros pour arriver au sol sans se consumer entièrement. La plupart sont rocheuses, certaines ferreuses ou composées d'un mélange de roches et de minerai de fer. Certaines météorites sont issues de la Lune ou de Mars mais la plupart, comme les astéroïdes, ont été formées au début du système solaire.

▲ UN CRATÈRE D'IMPACT
De nombreux astéroïdes ont heurté la Terre au cours de son histoire. Ce cratère, situé dans l'Arizona, aux États-Unis, a été produit voici 50 000 ans par l'impact d'un astéroïde mesurant approximativement 45 m de diamètre. Connu sous le nom de cratère Barringer, il mesure 1,2 km de diamètre et 200 m de profondeur. Un objet encore bien plus gros, peut-être un astéroïde ou une comète, a frappé la Terre près des côtes mexicaines il y a 65 millions d'années : on soupçonne cet impact cataclysmique d'avoir précipité la disparition des dinosaures.

▲ L'ÉVÉNEMENT DE LA TUNGUSKA
En 1908, une énorme explosion a été perçue dans la région de la rivière Tunguska, en Sibérie. Les scientifiques dépêchés sur le site ont été confrontés à un spectacle ahurissant : des forêts entières avaient été couchées comme des allumettes jusqu'à 30 km du point d'impact. Comme il n'y avait aucun cratère, les scientifiques supposent que l'on avait affaire à l'explosion dans l'atmosphère d'une grosse météorite ou d'une comète composée de matériaux peu compacts mais d'une masse pouvant atteindre un million de tonnes.

EFFETS D'UNE COLLISION D'ASTÉROÏDES AVEC LA TERRE

TAILLE	DÉGÂTS PRÉVISIBLES
50 m	La plus grosse partie de l'astéroïde brûle ou explose dans la haute atmosphère. Les débris sont suffisamment freinés pour ne pas causer de gros dégâts en dehors de leur point d'impact.
50–100 m	Des villes de la superficie du Grand Londres, Tokyo ou New York pourraient êtres rasées. Des centaines de kilomètres carrés de territoire seraient dévastés et les forêts couchées au sol.
1 km	Une énorme quantité de poussières soulevées serait éjectée dans l'atmosphère, réduisant la température et le rayonnement solaire au niveau du sol. Ce phénomène provoquerait un désastre environnemental global pouvant causer la mort de 1,5 milliard d'êtres humains.
10 km	L'impact provoquerait des tremblements de terre sur toute la surface du globe. En retombant, les cendres brûlantes éjectées dans l'atmosphère provoqueraient un grand nombre d'incendies. Les substances chimiques libérées par l'impact détruiraient la couche d'ozone, provoquant des pluies acides. La quantité de poussières projetée dans l'atmosphère serait telle que la température chuterait brutalement, provoquant, avec la disparition de la lumière solaire, la mort des récoltes et par voie de conséquence celle de l'humanité presque toute entière.

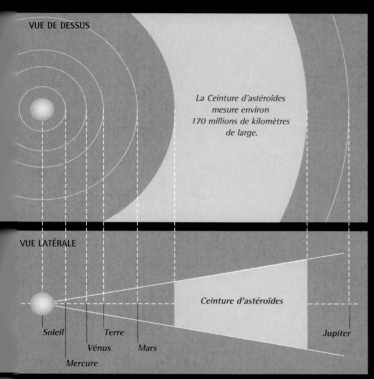

VUE DE DESSUS

La Ceinture d'astéroïdes mesure environ 170 millions de kilomètres de large.

VUE LATÉRALE

Ceinture d'astéroïdes

Soleil Terre Jupiter
Vénus Mars
Mercure

LA CEINTURE D'ASTÉROÏDES

La plupart des astéroïdes tournent autour du Soleil dans une large bande appelée Ceinture d'astéroïdes, située entre les orbites de Mars et de Jupiter. Elle s'étend de 330 millions de km du Soleil jusqu'à presque 500 millions de km. On trouve aussi deux groupes d'astéroïdes, appelés les Troyens, sur la même orbite que Jupiter, l'un précédant la planète géante et l'autre la suivant. La vue d'artiste représentée ci-contre, à droite, est symbolique : en réalité, plusieurs millions de kilomètres séparent chaque astéroïde... La ceinture d'astéroïde, vue de l'intérieur, semble vide !

@ ▶▶

Asteroïde

DES ROCHERS ERRANTS DANS L'ESPACE ►

Les astéroïdes présentent des dimensions très variables : certains sont juste de gros blocs tandis que d'autres mesurent des centaines de kilomètres. La plupart sont irréguliers et non sphériques comme des planètes en raison de leur faible gravité, insuffisante pour les modeler en boules. Le plus gros, Cérès, a été découvert le premier, dès 1801. Il mesure 940 km de long et son orbite se situe en moyenne à 415 millions de km du Soleil. Sa masse représente à elle seule le tiers de la masse totale des astéroïdes du système solaire.

Les comètes sont des objets de fascination pour les peuples depuis l'Antiquité. Ce sont des blocs de glace et de poussières originaires des confins du système solaire. De temps en temps, une collision ou l'effet de l'attraction d'une planète ou d'une étoile modifie l'orbite de l'un de ces blocs en direction du Soleil. En se réchauffant, la glace et les composés chimiques gelés fondent et s'évaporent, formant des queues de gaz et de poussières. Des sondes permettent désormais l'exploration photographique en gros plan. La sonde Rosetta va même y poser un module d'analyse.

La queue s'étend toujours dans la direction opposée au Soleil.

La queue de poussières peut s'étendre sur 100 millions de km.

La queue gazeuse peut atteindre des millions de kilomètres.

EN ORBITE AUTOUR D'UNE COMÈTE ▶

La sonde Rosetta se mettra en orbite autour de la comète 67P/Churyumov-Gerasimenko après un voyage de dix ans dans l'espace. Cette grosse boule de poussières et de glace de 4 km d'épaisseur, découverte en 1969, se déplacera à ce moment à la vitesse vertigineuse de 136 000 km/h. Il est très difficile de placer une sonde en orbite autour d'une comète car la trajectoire du vaisseau est affectée par les jets de gaz et de poussières provenant du noyau. Par ailleurs, la gravité est très faible et irrégulièrement répartie.

La tête comporte un noyau solide entouré d'un halo de gaz et de poussières.

◀ À L'INTÉRIEUR D'UNE COMÈTE

Lorsqu'elle est passée dans notre ciel en 1997, Hale-Bopp était la comète la plus brillante de ces vingt dernières années. Des millions de personnes l'ont observée. La plupart des comètes ont un noyau (la partie solide de la tête) de moins de 15 km. Celui de Hale-Bopp mesure 40 km. Au plus près du Soleil, la comète a développé deux queues distinctes : une de poussières, jaunâtre, et une de gaz, bleue. Passée à 138 millions de km du Soleil le 1er avril 1997, Hale-Bopp reviendra nous rendre visite dans... 2 392 ans !

LA SONDE GIOTTO

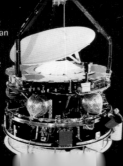

La plus célèbre des comètes, celle de Halley, fut photographiée en gros plan en 1986 par la sonde européenne Giotto, partie à sa rencontre. Cette comète fut baptisée en l'honneur de l'astronome anglais Edmond Halley (1656-1742), le premier à réaliser que la comète aperçue en 1531, 1607 et 1682 était un seul et même objet, repassant près du Soleil avec une périodicité de 76 ans. Sa prédiction du retour de la comète en 1758 s'est révélée exacte.

▲ LA COMÈTE DE HALLEY EN 1066...

La comète de Halley est reproduite sur la tapisserie médiévale de Bayeux qui raconte l'histoire de la conquête de l'Angleterre par les Normands en 1066. L'une des scènes de l'immense tapisserie de 70 m de long montre une étoile suivie d'une queue ardente : les calculs démontrent qu'il s'agit bien de Halley. Elle est aussi visible sur une fresque représentant la naissance du Christ, peinte en 1304 par l'italien Giotto di Bondone. On relève ainsi des traces de ses apparitions remontant à 240 av. J.-C.

▲ ...ET AUJOURD'HUI

La comète de Halley poursuit son jeu de cache-cache : la dernière apparition de ce bloc irrégulier de roches et de glace de 16 km de long date de 1986. Elle est passée à environ 88 millions de km du Soleil. Son retour est prévu en 2061. Certaines comètes ont des orbites beaucoup plus courtes ou plus longues : ainsi, la comète Encke revient toutes les 3,3 années, tandis que Hyakutake, vue pour la dernière fois en 1996, ne devrait pas revenir nous visiter avant quelque 14 000 ans !

LA MISE EN ORBITE
Lancée en mars 2004, Rosetta sera la première sonde à se placer en orbite autour d'une comète : l'une des manœuvres les plus délicates jamais tentées ! Elle sera donc la première à accompagner une comète dans sa trajectoire vers le Soleil. Rosetta étudiera sa cible pendant près de deux ans. Elle transporte aussi l'atterrisseur chargé de se poser sur le noyau.

LA DÉPOSE DE L'ATTERRISSEUR
L'orbiteur doit être positionné de manière extrêmement précise pour que l'atterrisseur soit éjecté en direction du noyau de la comète. Au moment où il touchera la surface, il s'accrochera au sol en éjectant deux harpons. Ses jambes articulées s'ajusteront à la configuration de la surface afin de le maintenir en position verticale.

LES EXPÉRIENCES
L'atterrisseur Philæ va alors pouvoir analyser la composition chimique de la surface, puis des éléments internes après avoir foré le noyau. Les expériences porteront aussi sur la résistance de la croûte superficielle, sa texture, sa porosité et son contenu en glace.
Les données seront relayées vers la Terre par la sonde Rosetta.

Les caméras prendront des photos en haute résolution du noyau de la comète.

Caméras de navigation permettant de maintenir la trajectoire de la sonde

Cette antenne radio sera utilisée pour l'étude de l'orbite de la comète.

L'expérience CONSERT sondera la comète par des signaux radio.

nneaux solaires 14 m d'envergure rientant face au Soleil.

L'atterrisseur Philæ pèse 100 kg. C'est lui qui se posera sur le noyau de la comète.

Comète

PLANNING DE LA MISSION ROSETTA

LES PHASES	DATES
Lancement de Rosetta par Ariane 5	mars 2004
Première poussée gravitationnelle de la Terre	mars 2005
Poussée gravitationnelle de Mars	mars 2007
Deuxième poussée gravitationnelle de la Terre	novembre 2007
Troisième poussée gravitationnelle de la Terre	novembre 2009
Rosetta est mise en sommeil	juillet 2011
Réveil de la sonde	janvier 2014
Rendez-vous avec la comète	mai 2014
Cartographie d'ensemble	août 2014
Dépose de l'atterrisseur	novembre 2014
Périhélie (au plus près du Soleil)	août 2015

Antenne radio à grand gain, orientable, de 2,20 m de diamètre, assurant les communications avec la Terre

▲ LA SONDE ROSETTA
Le vol de Rosetta jusqu'à la comète Churyumov-Gerasimenko comporte trois révolutions autour de la Terre et une autour de Mars afin de tirer profit de l'accélération procurée par la gravitation de ces planètes (effet de « fronde gravitationnelle »). La sonde, de forme cubique, mesure 2,80 x 2,10 x 2 m et pèse 3 000 kg, dont plus de la moitié en carburant. La charge constituée de vingt instruments scientifiques

LES ANNEAUX DE SATURNE

Saturne est la sixième planète du système solaire. Elle est entourée d'un large et spectaculaire système d'anneaux : un mystère pour les astronomes qui les ont découverts au début du XVIIᵉ siècle. Malgré leur étude attentive par des télescopes puissants et par des sondes spatiales, ils sont encore loin d'avoir livré tous leurs secrets. En 2004, la sonde Cassini est arrivée au voisinage de Saturne pour étudier cette planète gazeuse géante, ses anneaux et ses satellites. Elle transportait une mini-sonde, Huygens, destinée à se poser sur Titan, le plus grand des satellites de Saturne. Les scientifiques pensent que l'atmosphère de Titan est similaire à celle de la Terre il y a plusieurs milliards d'années.

▲ HUYGENS
En janvier 2005, la sonde Huygens, pesant 318 kg, pénétra l'atmosphère de Titan à 21600 km/h. Le freinage atmosphérique la ralentit alors à 1 440 km/h, avant que sa descente jusqu'à la surface ne soit freinée par un parachute. Pendant les deux heures de cette approche, les caméras ont pu prendre plus de 1100 photos. Les instruments de bord analysèrent l'atmosphère et transmirent les résultats par radio à la sonde-mère, Cassini. La sonde doit son nom à l'astronome néerlandais Christiaan Huygens (1629-1695), découvreur de Titan.

CASSINI-HUYGENS ▶
Lancée en 1997, Cassini-Huygens est une mission conjointe NASA-ESA. La sonde Huygens constitue la contribution de l'Agence Spatiale Européenne. La sonde principale Cassini, quant à elle, doit son nom à l'astronome italien Giovanni Cassini qui découvrit les satellites de Saturne. Sa mission autour de la planète aux anneaux doit durer quatre ans. Elle comprend 74 révolutions autour de Saturne, 44 survols de son plus gros satellite, Titan, et de nombreux survols de ses autres satellites. Le vaisseau tire son énergie de trois générateurs électriques nucléaires. Son équipement scientifique comprend des instruments destinés à mesurer le champ gravitationnel et magnétique de Saturne, ainsi que des caméras utilisées pour photographier la planète et ses satellites.

Cette perche porte des instruments destinés à mesurer le champ magnétique de Saturne.

L'antenne parabolique à grand gain mesure 4 m de diamètre.

Saturne

LES PLANÈTES À ANNEAUX

JUPITER
Saturne n'est pas la seule planète à posséder des anneaux. Les autres géantes gazeuses (Jupiter, Uranus et Neptune) en ont aussi, mais de moins spectaculaires et moins complexes. Voyager 2 a observé ce discret système d'anneaux autour de Jupiter en 1999.

URANUS
Voyager 2 a photographié des anneaux autour d'Uranus en 1986. Cette image en fausses couleurs a été prise à 4,2 millions de km. Les astronomes les avaient découverts en 1977 en observant la diminution de l'éclat d'une étoile passant derrière chaque anneau.

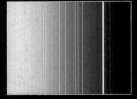

NEPTUNE
Les anneaux de Neptune, dévoilés par Voyager 2 en 1979, sont si ténus qu'ils sont invisibles depuis la Terre. Leur zone la plus dense occultait en partie les étoiles mais les astronomes n'ont acquis la certitude de leur existence

LES ANNEAUX ▶
Les anneaux de Saturne sont composés de milliards de blocs de glace et de roches de toutes dimensions. Il sont très larges mais extrêmement fins. Vus de la Terre, ils paraissent mesurer environ 275000 km, mais leur diamètre total est en réalité de 415000 km. En revanche, ils ne mesurent qu'une centaine de mètres d'épaisseur. On ne connaît pas l'origine des anneaux. Il s'agit peut-être de débris de comètes, d'astéroïdes ou de lunes de Saturne

Titan

Télesto
Calypso

Prométhée *Janus*

Hélène

Pan *Atlas*

Hypérion

Pandore *Épiméthée*

Phœbé

Mimas *Encélade* *Téthys*

Dioné

Rhéa

Iapétus

LES SATELLITES DE SATURNE ▲

Jusqu'en 1977, les astronomes connaissaient 9 satellites en orbite autour
de Saturne. Depuis, le télescope spatial Hubble et les sondes – Pioneer 11,
Voyager 1 et Voyager 2, entre 1979 et 1981 – en ont détecté bien d'autres.
Lorsque Cassini fit son approche en 2004, le nombre de satellites connus autour
de la planète aux anneaux s'élevait à 31. Le plus gros, Titan, est plus gros
que les planètes Mercure et Pluton. C'est le deuxième plus gros satellite
du système solaire, derrière celui de Jupiter nommé Ganymède.

SATURNE ▶

Saturne est la deuxième plus grosse planète du système solaire.
Son volume est environ 746 fois supérieur à celui de la Terre. Compte
tenu de sa taille, elle présente une rotation plutôt rapide (deux fois
plus que celle de notre petite planète), le jour saturnien ne durant
que 10 heures. Son orbite est dix fois plus éloignée du Soleil que
celle de la Terre et l'année saturnienne dure 29,5 années terrestres.
Saturne est la seule planète dont la densité soit inférieure à celle
de l'eau : posée dans une piscine à sa mesure, ...elle flotterait
comme un gigantesque ballon !

Deux moteurs identiques
équipent la sonde,
le second étant disponible
en cas de panne
du premier.

Les anneaux sont
composés d'environ
1 000 anneaux plus petits
séparés par des divisions
de largeur variable.

La sonde Huygens était protégée pendant le voyage
par ce bouclier thermique utilisé lors de sa descente.

GROS PLAN SUR LES ANNEAUX

UN ANNEAUX TRESSÉ
La sonde Voyager 2 a capté un
gros plan de l'anneau F torsadé
sur lui-même. Les scientifiques
appellent ce phénomène une
tresse. Il pourrait être causé par
l'attraction de deux petites lunes,
Pandore et Prométhée.

L'INFLUENCE DES SATELLITES
Les nombreux satellites de Saturne
exercent une grande influence
sur les anneaux, leur gravité
attirant des milliards de particules.
Ils pourraient être la cause de
l'existence de certaines divisions
et autres détails dans les anneaux.

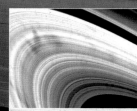

LES RAYONS TRANSVERSAUX
Les scientifiques sont étonnés
de découvrir des bandes sombres
transversales dans les anneaux :
peut-être des poussières
soulevées localement par effet
électrostatique, dû à des particules
chargées électriquement.

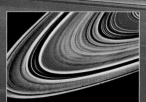

LES ANNEAUX EN COULEURS
Les filtres colorés permettent
de dévoiler les structures des
anneaux. Cette photo prise par
Voyager 2 à 8,9 millions de km est
composée à partir de trois vues
prises en lumière blanche, dans
l'orange et dans l'ultraviolet.

LE DEEP SPACE NETWORK

Le Deep Space Network, ou DSN, est le réseau de télécommunications spatiales de la NASA responsable du suivi et du pilotage des sondes spatiales à travers le système solaire, ainsi que de la réception des données qu'elles transmettent. Certaines de ces sondes sont si éloignées et leurs émetteurs si peu puissants que les signaux radio reçus sont 20 millions de fois plus faibles que la puissance d'une pile de montre à quartz ! Pour capter des signaux aussi ténus, le DSN utilise des antennes pouvant atteindre 70 m de diamètre. Afin de faire parvenir des ordres aux sondes les plus distantes, les émetteurs sont surpuissants : jusqu'à 400 kilowatts.

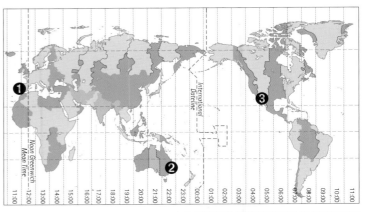

▲ PLUSIEURS ANTENNES DANS LE MONDE
Les stations qui composent le DSN sont situées à Madrid (1), en Espagne, à Canberra (2), en Australie et en Californie (3), aux États-Unis. Ces sites sont répartis approximativement à 120° les un des autres, soit le tiers de la circonférence du globe. Ils peuvent ainsi, en dépit de la rotation terrestre, conserver un contact permanent avec les sondes, chacune prenant successivement le relais de la station précédente (le chevauchement entre les stations donne même un délai pour transférer les communications). Les sites choisis sont entourés de hautes montagnes qui les protègent des interférences directes avec les émissions radio. La carte ci-dessus indique le décalage horaire entre les trois pays.

Deep Space Network

▼ DES PARABOLES DANS LE DÉSERT
La base américaine du Deep Space Network – Deep Space Network signifie «réseau espace profond» – est le Complexe de Goldstone, situé à 72 km au nord-est de Barstow, dans le désert de Mojave, en Californie. Centre de commande du réseau, Goldstone est la base qui comporte le plus grand nombre d'antennes. Outre la grande parabole de 70 m de diamètre, elle compte six antennes de 34 m et une de 26 m. Les premières sondes avec lesquelles Goldstone communiqua furent Pioneer 3 en 1958 et Pioneer 4 en 1959.

DE L'ESPACE À L'ESPAGNE ▶
Le complexe DSN espagnol est situé près du village de Robledo de Chavela, à 56 km à l'ouest de Madrid. Opérationnel en 1965, il a remplacé l'ancienne station de Johannesburg en Afrique du Sud. Une nouvelle antenne de 34 m a été érigée dans le complexe madrilène en 2003 afin d'offrir un complément de temps de suivi de 70 heures par semaine. Cette augmentation de la capacité de réception a été rendue nécessaire par le nombre de plus en plus important de sondes explorant le système solaire.

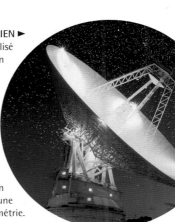

LE RÉSEAU AUSTRALIEN ▶
Le complexe australien a été utilisé dès 1964 et a participé à la mission Mariner 4 vers Mars. Il est situé dans la vallée de la Tidbinbilla, à 35 km au sud-ouest de Canberra. C'est l'antenne orientable de 64 m de diamètre, nommée Parkes, du nom de la ville proche, qui prend en charge les communications du Deep Space Network. Elle fut couplée aux antennes de Canberra et de Goldstone, pour assurer la réception des signaux de la sonde Galileo, une technique appelée interférométrie.

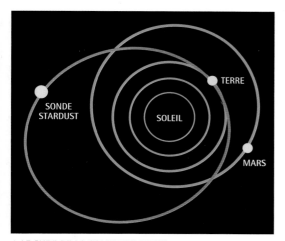

▲ LE SUIVI DE LA SONDE STARDUST

L'une des missions suivies par le Deep Space Network est celle de la sonde Stardust («poussière d'étoile»), destinée à collecter les poussières éjectées par le noyau d'une comète pour les rapporter sur Terre. Stardust, lancée le 7 février 1999, reviendra sur notre planète avec ses précieux échantillons en 2006. Le DSN assure le suivi de la sonde, son pilotage et la réception des informations émises par celle-ci durant son long voyage jusqu'à la comète Wild-2 et durant son retour.

LES CHIFFRES DU DEEP SPACE NETWORK

Distance de suivi : une antenne parabolique orientable de 70 m de diamètre permet de suivre les sondes jusqu'à 16 milliards de km de la Terre.

Durée de transit du signal : le signal radio en provenance de Voyager 1 met 12 heures et 39 minutes pour arriver jusqu'à la Terre.

Puissance d'émission du réseau : la puissance requise pour adresser un ordre à une sonde lointaine est de l'ordre de 400 000 watts.

Puissance d'émission des sondes : la puissance d'émission typique des sondes est de l'ordre de 20 watts.

Énergie reçue : la puissance parvenant sur Terre en provenance des sondes lointaines est de un milliardième de trillionième de watt.

Sonde la plus lointaine : Voyager 1 est aujourd'hui arrivé à 13,6 milliards de km du Soleil.

Queue de gaz
et de poussières
de la comète Wild-2

L'antenne à grand gain
transmet les données à la Terre.

LES DÉCOUVERTES DE LA SONDE STARDUST ▶

Le 2 janvier 2004, après un long voyage de 3,2 milliards de km, la sonde Stardust a traversé avec succès la coma de gaz et de poussières enveloppant le noyau de la comète Wild-2, collectant au passage des échantillons. La sonde s'est approchée à 240 km du noyau glacé, prenant les photos les plus détaillées jamais réalisées d'une comète. Les images reçues par le Deep Space Network montrent un gros rocher de 5 km constellé de trous et de jets de poussières et de gaz sortant de la surface.

LA PHOTOGRAPHIE DES OBJETS LOINTAINS

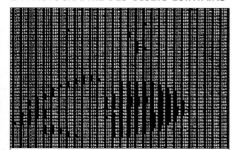

L'INFORMATION BRUTE PROVENANT DE LA SONDE
Les caméras des sondes sont équipées d'un capteur d'images appelé CCD *(Charge-Coupled Device)* dont la surface est divisée en milliers de petites cellules individuelles sensibles à la lumière, les *Picture Elements* ou pixels. Un convertisseur analogique/numérique transforme le courant électrique produit par chaque pixel (proportionnel à la lumière reçue) en une valeur numérique, souvent codée sur 16 bits, soit 65 536 niveaux (2^{16}), de 0 (noir) à 65 535 (blanc). La même scène peut être photographiée à travers divers filtres pour fournir des informations mieux différenciées.

LA FORMATION DE L'IMAGE
Le flux de données chiffrées transmis par la sonde est reçu par le Deep Space Network et relayé au laboratoire du Jet Propulsion Laboratory (JPL) à Pasadena, en Californie. Les ordinateurs du JPL se chargent alors de répartir les données chiffrées sur une matrice de points représentant la même disposition que les pixels du CCD. Puis elles sont transformées en niveaux de densités, du noir au blanc en passant par les gris intermédiaires. Les images individuelles en niveaux de gris prises à travers des filtres colorés sont alors transformées en photos en vraies ou fausses couleurs.

LE TRAITEMENT DES IMAGES
Les images brutes présentent souvent des défauts liées à la perte ou à la corruption d'informations. C'est pourquoi les photos sont retraitées par des programmes informatiques élaborés destinés à faire ressortir certains détails ou informations, à gommer le bruit de fond ou à corriger des défauts ou «artefacts». Les données enregistrées dans l'ultraviolet, l'infrarouge ou les ondes radar sont également traitées pour fournir des images en fausses couleurs, révélant ainsi des informations habituellement invisibles telles que la vitesse de déplacement, l'altitude ou l'émission calorifique.

À LA RECHERCHE DE LA VIE EXTRATERRESTRE

L'Univers est si étendu que de nombreux astronomes pensent que la Terre ne saurait être la seule planète à abriter la vie. Les planètes extérieures ont longtemps été réputées trop froides, avant que l'on ne découvre des êtres au fond des océans vivant dans le froid et l'obscurité. Les scientifiques recherchent des signes de vie dans le système solaire en analysant les images et les échantillons rapportés par les sondes. Mais ils tentent aussi de découvrir des signes de vie intelligente dans l'Univers par l'analyse des signaux radios : un programe nommé SETI (*Search for Extra Terrestrial Intelligence*, ou «recherche d'une intelligence extraterrestre»).

Pare-soleil protégeant le télescope de la lumière parasite

Couvercle articulé

Panneaux solaires protégeant également le télescope du rayonnement calorifique du Soleil

Photomètre enregistrant les données provenant des étoiles

◄ À LA RECHERCHE D'AUTRES TERRES
En 2007, la NASA devrait lancer une sonde nommée Kepler dont le rôle sera la recherche de planètes extrasolaires (en orbite autour d'étoiles lointaines). Son télescope va pouvoir observer 100 000 étoiles toutes les quinze minutes. Le passage d'une planète devant une étoile se traduit par une réduction de sa luminosité, détectée par Kepler. Plusieurs planètes extrasolaires ont déjà été détectées, mais il s'agit seulement de géantes gazeuses apparentées à Jupiter. La sonde Kepler sera, quant à elle, capable de détecter de petites planètes de type tellurique (ressemblant à la Terre).

Dispositif de guidage sur les étoiles

Antenne assurant une fois par semaine la transmission vers la Terre des images et des données enregistrées

Trois tours et 18 câbles supportent la plateforme pesant 1000 tonnes.

L'antenne géante d'Arecibo capte les ondes radio en provenance de l'espace mais assure également des émissions.

LE RADIOTÉLESCOPE D'ARECIBO ►
Arecibo, le radiotélescope le plus sensible au monde, permet aux astronomes d'étudier les émissions radio en provenance d'étoiles et de galaxies lointaines. Les scientifiques du projet SETI analysent les signaux en provenance d'un millier d'étoiles, à la recherche de messages susceptibles d'avoir été émis par des intelligences extraterrestres. L'antenne géante de 305 m de diamètre, composée de 40 000 panneaux d'aluminium, est installée dans une cuvette naturelle sur l'île de Porto Rico, dans les Caraïbes.

◄ EUROPE

Le satellite de Jupiter nommé Europe est de la même taille que notre Lune. Mais Europe est couverte de glace. Les lignes qui parsèment sa surface peuvent mesurer jusqu'à 3 000 km : probablement des crevasses. La croûte de glace pourrait recouvrir un océan qui pourrait abriter des formes de vie. En 2012, la NASA a prévu d'explorer les lunes glacées de Jupiter avec une sonde qui visitera Europe mais aussi Ganymède et Callisto, également susceptibles de receler un océan.

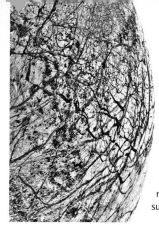

UNE VIE PASSÉE ? ►

Les photos de Mars prises par les sondes en orbite montrent des structures similaires aux lits de rivières et aux plaines alluviales formées sur Terre par l'eau sous sa forme liquide. Les véhicules d'exploration martienne ont découvert des roches disposées en strates, très semblables aux roches sédimentaires accumulées au fond des mers. Ces structures suggèrent que de l'eau liquide a jadis coulé sur la Planète rouge. Même si Mars est aujourd'hui une planète morte, les scientifiques espèrent découvrir des traces d'une vie passée dans les roches, voire des micro-organismes vivant encore sous la surface inerte.

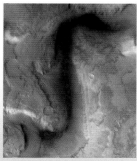

MESSAGES POUR L'INFINI ►

En 1974, le radiotélescope d'Arecibo a émis un message codé en direction de l'amas globulaire M13, situé à la périphérie de notre Galaxie, à 21 000 années-lumière, et contenant 300 000 étoiles. Ce message comportait 1 679 bits d'information numérique. D'éventuelles intelligences extraterrestres devraient être capables de réorganiser ce message en 73 lignes de 23 bits. Ainsi disposé, il fait apparaître des dessins, symbolisant notamment le radiotélescope d'Arecibo, notre système solaire et un être humain stylisé. Une éventuelle réponse mettrait environ 48 000 ans à nous revenir.

Vie
extraterrestre

Nombres de un à dix en codage binaire

Symboles chimiques de l'hydrogène, du carbone, de l'oxygène, de l'azote et du phosphore

Lignes courbes figurant la molécule d'ADN, support de la vie sur Terre

Représentation de l'Homme et de la population terrestre

Système solaire, la Terre étant décalée pour signaler sa position

Le radiotélescope d'Arecibo et le cheminement des ondes radio

Ce dôme contient des réflecteurs qui concentrent les ondes radio sur les antennes.

SETI AT HOME... LE PROJET SETI CHEZ VOUS !

Des millions d'utilisateurs d'ordinateurs personnels ont adhéré au projet SETI de recherche d'une intelligence extraterrestre. Les données captées par le radiotélescope d'Arecibo, subdivisées en petits paquets, sont envoyés par Internet chez chaque participant. L'analyse est effectuée par l'économiseur d'écran *SETI@Home*, librement téléchargeable, qui met à profit les moments d'inutilisation de l'ordinateur. La recherche porte sur des signaux à bande étroite, d'origine généralement artificielle. Les résultats sont retournés automatiquement par Internet au centre SETI.

◄ LE MOTEUR IONIQUE

La sonde Smart-1 a été lancée en 2003 autour de la Lune pour la cartographier. Ce vaisseau est propulsé par un moteur ionique. Ses panneaux solaires convertissent la lumière en électricité, énergie qui permet d'ioniser les atomes d'un gaz : une fois chargés électriquement, les atomes sont accélérés par un champ électrique et éjectés à grande vitesse afin de propulser la sonde, par réaction, dans la direction opposée. Moins puissant qu'un moteur-fusée, le moteur ionique assure en revanche une poussée permanente pendant des mois ou des années.

La sonde fait appel à un moteur ionique.

La tuyère du moteur concentre le jet de gaz.

L'éclair bleu du plasma s'échappe du moteur.

Les panneaux solaires convertissent l'énergie lumineuse en électricité.

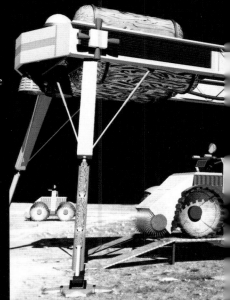

▲ LA FUTURE BASE LUNAIRE

La découverte de l'espace par des robots, tels les véhicules d'exploration de la Lune ou de Mars, a permis une moisson de découvertes. Certains scientifiques pensent malgré tout que l'homme reste irremplaçable car plus efficace sur le terrain, notamment face à l'imprévu. Ainsi, des astronautes devraient retourner sur la Lune au cours du XXIe siècle. L'étape suivante est Mars. Mais si des hommes entreprennent un jour ce voyage de six mois, il faudra qu'un cargo ait préalablement déposé sur la Planète rouge un module contenant tout le nécessaire.

DEMAIN, L'EXPLORATION SPATIALE

Scientifiques et ingénieurs travaillent sur les missions spatiales de l'avenir. En 2004, le président George W. Bush a annoncé que les États-Unis envisageaient d'envoyer à nouveau des astronautes sur la Lune vers 2020, puis sur Mars. Parmi les missions non habitées, l'une des plus passionnantes sera celle visant à rechercher des signes de vie sur des planètes semblables à la Terre, en orbite autour d'autres étoiles. Les vaisseaux du futur auront besoin de moteurs différents, mieux adaptés aux missions au long cours et de meilleur rendement que les moteurs-fusées actuels. L'un de ceux-ci, le moteur ionique, a déjà été testé en vol par plusieurs missions non habitées.

Radiateur évacuant la chaleur en excès dans l'espace

Antenne de télécommunications émettant et recevant les signaux radio

◄ L'ÉNERGIE NUCLÉAIRE

Les sondes ne peuvent plus utiliser l'énergie solaire, insuffisante, lorsqu'elles dépassent l'orbite de Mars. C'est pourquoi les futures missions lointaines envoyées aux confins du système solaire pourraient tirer parti de l'énergie nucléaire. Ainsi, la sonde destinée à l'exploration des lunes glacées de Jupiter sera propulsée par un moteur ionique dont l'électricité proviendra d'un réacteur nucléaire miniaturisé. Cette énergie électrique sera également utilisée pour alimenter les expériences scientifiques.

Compartiment renfermant le matériel d'expérimentation

Poutrelle séparant le réacteur nucléaire du compartiment scientifique

Moteurs ioniques placés à l'extérieur de la sonde

Antenne radar permettant de sonder le sous-sol du satellite

La surface glacée d'Europe, l'un des satellites joviens, sera sondée.

L'envergure de chaque voile pourra atteindre plusieurs kilomètres.

Voiles déployées pour capter l'énergie de radiation de la lumière solaire

De petits réservoirs de carburant suffiront au vaisseau.

Dispositifs de conversion de l'énergie nucléaire en électricité

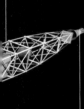

Réacteur nucléaire enveloppé de matériaux protecteurs isolants

Programme spatial

LES VOILES SOLAIRES ▲

La lumière peut suffire à propulser un vaisseau : l'énergie véhiculée par les photons produit en effet une poussée, tellement faible qu'elle est normalement indétectable. Mais si la lumière frappe d'immenses surfaces, la poussée totale devient suffisante pour faire avancer un appareil. Ainsi, les vaisseaux propulsés par le rayonnement lumineux utiliseront des voiles gigantesques, réalisées dans un matériau aussi fin que du papier. La poussée, faible mais constante, finira par conférer au vaisseau une vitesse très élevée.

Chaque télescope mesurera 1,50 m de diamètre.

Panneaux solaires alimentant chaque télescope en électricité

▲ Étoile double

La mission Étoile Double (Double Star) est un projet conjoint de l'Agence Spatiale Européenne et de l'Administration Spatiale Chinoise, qui doit son nom à la présence simultanée de deux sondes, l'une en orbite équatoriale et l'autre polaire autour de notre planète. Son objectif est l'étude de l'influence du Soleil sur la Terre. Elles ont commencé leur travail d'observation peu après juin 2004, échangeant par ailleurs des données avec un groupe de quatre satellites déjà en orbite. Les informations recueillies sont transmises au sol, à des stations espagnoles et chinoises.

LE PROJET DARWIN ▶

La mission Darwin fera appel à une flottille de télescopes spatiaux afin de rechercher les possibilités de vie extraterrestre sur des planètes situées autour d'étoiles lointaines par l'étude des modifications de leur atmosphère : un challenge difficile, la lumière de l'étoile aveuglant le télescope et noyant les planètes obscures naviguant à proximité ! Cette recherche nécessiterait un télescope de 30 m de diamètre, impossible à lancer dans l'espace. C'est pourquoi le choix s'est porté sur un réseau de plusieurs télescopes plus petits qui, associés en interféromètre, offriront la même résolution qu'un miroir géant

Télescope refroidi à – 265 ˚C

CHRONOLOGIE DE L'EXPLORATION DE L'ESPACE

L'ère spatiale a réellement débuté en 1957, bien que la technologie du moteur-fusée, qui sous-tend toute l'histoire de la conquête spatiale jusqu'à nos jours, soit plus ancienne. Depuis 1957, chaque nouvelle année ou presque a connu un développement majeur dans l'exploration de l'espace.

Chronologie

1926 Robert H. Goddard lance la première fusée à carburant liquide.

1944 La fusée V-2, dont dérivent toutes les fusées modernes, est développée en Allemagne comme arme à la fin de la Seconde Guerre mondiale.

1957 L'Union soviétique lance Spoutnik 1, le premier satellite artificiel.

Laika est le premier chien dans l'espace, à bord du satellite Spoutnik 2.

1958 Lancement du premier satellite artificiel américain, Explorer 1.

1959 La sonde lunaire soviétique Luna 1 est la première à quitter l'orbite terrestre.

Luna 2 est la première à toucher la surface d'un autre astre, la Lune.

La sonde Luna 3 transmet les premières images de la face cachée de la Lune.

Les sept premiers astronautes américains, appelés les Sept de Mercury, sont sélectionnés.

1960 Lancement du premier satellite météorologique TIROS 1.

L'Union soviétique lance deux chiens, Strelka et Belka, dans l'espace. Ils reviennent sains et saufs.

1961 Premier vol habité par le cosmonaute soviétique Youri Gagarine dans la capsule Vostok 1.

Premier vol habité américain d'Alan Shepard dans la capsule Mercury 3.

Le président John F. Kennedy annonce l'intention des Américains d'envoyer des hommes sur la Lune avant la fin des années 1960.

La sonde soviétique Venera 1 est la première à voguer vers Vénus, mais le contact est perdu en cours de route.

1962 Premier vol orbital de la capsule américaine Mercury 6, emportant l'astronaute John Glenn.

Le premier satellite de télécommunications, Telstar 1, assure la première transmission directe d'images de télévision des États-Unis vers l'Europe.

La sonde américaine Mariner 2 vole vers Vénus et transmet des informations depuis la planète.

1963 Valentina Tereshkova devient, à bord de Vostok 6, la première femme dans l'espace.

1964 Lancement de Voskhod 1, première capsule à emporter trois cosmonautes.

Ranger 7, une sonde américaine, s'écrase sur la Lune après avoir transmis les premières images en haute résolution de la surface.

1965 Première sortie dans l'espace par Alexei Leonov, membre de l'équipage de la capsule soviétique Voskhod 2.

Premier vol américain à deux astronautes, à bord de Gemini 3.

Première tentative réussie d'une approche de Mars par la sonde américaine Mariner 4.

La France devient le troisième pays au monde a réussir la mise sur orbite d'un satellite grâce à la fusée Diamant.

1966 Premier alunissage soviétique en douceur par la sonde Luna 9.

La NASA lance le premier satellite d'observation terrestre, ESSA-1.

Américains et Soviétiques placent les sondes Luna 10 et Lunar Orbiter 1 en orbite lunaire.

Premier alunissage américain en douceur par la sonde Surveyor 1.

1967 L'incendie au sol de la capsule Apollo 1 tue trois astronautes.

Premier test en vol de la fusée Saturn V qui lance la capsule inhabitée Apollo 4.

La sonde soviétique Venera 4 est la première à traverser l'atmosphère de Vénus et à transmettre des informations à la Terre.

Vladimir Komarov meurt durant le retour de la capsule Soyouz 1.

1968 Apollo 7, premier vol américain à trois astronautes.

Apollo 8, premier vol habité quittant l'orbite terrestre pour faire le tour de la Lune.

Sortie du film *2001: l'Odyssée de l'espace* ; beaucoup sont déconcertés par l'histoire, mais ce film délivre une vision scientifiquement correcte de nombreux aspects de la vie et du voyage dans l'espace.

1969 Neil Armstrong et Edwin Aldrin, de la mission Apollo 11, sont les premiers humains à fouler le sol de la Lune.

Deuxième alunissage de deux astronautes de la mission Apollo 12.

1970 Une explosion se produit à bord d'Apollo 13 pendant son vol vers la Lune. Les trois hommes d'équipage reviennent sains et saufs sur Terre.

La sonde soviétique Venera 7 est la première à se poser de manière contrôlée sur Vénus.

Luna 16 est la première sonde robotisée à se poser sur la Lune, à prélever un échantillon et à le renvoyer sur Terre.

Le véhicule robotisé soviétique Lunokhod alunit et commence son exploration.

La Chine et le Japon lancent leurs premiers satellites artificiels.

1971 Salyout 1, première station spatiale, est lancée par l'Union soviétique.

Trois cosmonautes meurent durant le retour de Soyouz 11 après avoir été le premier équipage à vivre dans une station spatiale.

La sonde américaine Mariner 9 devient le premier objet humain en orbite autour de Mars. Elle décèle d'immenses volcans et de profondes gorges à sa surface.

1972 La sonde soviétique Mars 2 est la première sonde à atteindre la surface de Mars.

La NASA lance Pioneer 10, la première sonde dirigée vers les planètes extérieures.

Dernier alunissage par la mission Apollo 17.

Lancement du premier satellite de détection des ressources de la Terre (ERTS).

1973 Skylab, première station spatiale américaine, est mise en orbite.

Pioneer 10 est la première sonde à passer près de Jupiter et à prendre des gros plans de la planète et de plusieurs de ses satellites.

1974 La sonde américaine Mariner 10 est la première à s'approcher de la planète Mercure.

1975 La sonde soviétique Venera 9 est la première à renvoyer des photos de la surface de Vénus.

Les États-Unis et l'Union soviétique coopèrent pour la première fois en amarrant un vaisseau Apollo à un vaisseau Soyouz.

1976 Les deux sondes américaines Viking 1 et Viking 2 se posent sur Mars. Elles transmettent de nombreuses photos et recherchent des traces de vie.

1977 Lancement de Voyager 2, la seule sonde à avoir visité quatre planètes (Jupiter, Saturne, Uranus et Neptune), bientôt suivie par Voyager 1.

1978 Mise en orbite du premier des vingt-quatre satellites du système de navigation GPS (Global Positioning System).

Le Tchèque Vladimir Remek devient le premier cosmonaute ni soviétique ni américain.

1979 La sonde Pioneer 11 est la première à passer près de Saturne et à prendre des gros plans des anneaux.

Premier lancement de la fusée européenne Ariane.

Les sondes Voyager 1 et Voyager 2 passent près de Jupiter, envoyant d'extraordinaires photos de la planète, de ses anneaux et de ses plus gros satellites.

1980 Les photos de Saturne transmises par la sonde Voyager 1 révèlent que ses anneaux sont en fait constitués de milliers d'anneaux plus petits.

La sonde Pioneer Venus 1 découvre, sur Vénus, des montagnes plus hautes que l'Everest.

1981 Première mission de la navette spatiale Columbia, STS-1.

1982 Lancement de Salyout 7, la dernière station soviétique Salyout.

1983 Lancement du premier satellite astronomique spécialisé dans l'infrarouge, appelé IRAS.

Le Dr. Sally Ride devient, à bord de la navette Challenger, la première femme astronaute américaine.

Le premier Spacelab est embarqué sur la Navette.

Pioneer 10 devient le premier objet d'origine humaine à quitter le système solaire.

Le président Ronald Reagan annonce l'Initiative Stratégique de Défense, surnommé «Guerre des étoiles» par ses opposants : un système de défense du territoire américain contre des missiles nucléaires, basé dans l'espace.

1984 Première marche dans l'espace sans cordon ombilical par les astronautes de la Navette, munis d'unités de déplacement individuelles.

1986 Lancement du premier élément de la station soviétique Mir.

La navette spatiale Challenger explose peu après le décollage, provoquant la mort des sept membres d'équipage.

Les sondes japonaises Suisei et Sakigake survolent avec succès la comète de Halley.

C'est au tour de la sonde Giotto, de l'Agence Spatiale Européenne, de survoler elle aussi avec succès la comète de Halley.

La sonde Voyager 2 passe près d'Uranus et envoie des photos de la planète, de ses nombreux anneaux et de ses satellites.

1989 La sonde Voyager 2 passe près de Neptune et envoie des photos de la planète, de ses anneaux et de ses satellites.

1990 La sonde Magellan se place en orbite autour de Vénus pour cartographier sa surface.

Lancement du télescope spatial Hubble.

1991 Le premier satellite d'évaluation de l'environnement (European Remote Sensing, ou ERS-1) est mis en orbite.

Éclatement de l'Union soviétique qui devient une fédération d'États indépendants composée de la Russie et de dix pays plus petits. Le programme spatial soviétique devient ainsi le programme russe.

1992 La sonde Ulysse de l'ESA/NASA subit l'accélération gravitationnelle de Jupiter pour être placée sur une orbite qui lui fera survoler les deux pôles du Soleil.

Le satellite COBE cartographie pour la première fois le rayonnement cosmique du fond du ciel dans le domaine des micro-ondes.

1994 La sonde Ulysse survole pour la première fois le pôle sud du Soleil.

1995 La sonde Galileo se met en orbite autour de Jupiter.

Le cosmonaute russe Valeri Poliakov retourne sur Terre après un séjour record de 438 jours dans l'espace à bord de la station Mir.

La mission SOHO (Solar and Heliospheric Observatory) est lancée sur une orbite solaire.

1996 La NASA confirme la détection d'eau sur la Lune par la sonde Lunar Prospector.

Le satellite français Cerise est le premier à entrer en collision avec un débris spatial.

1997 La sonde Pathfinder de la NASA, emportant le rover d'exploration Sojourner, se pose sur Mars.

1998 Lancement du premier élément de la Station Spatiale Internationale.

1999 Le puissant télescope à rayons-X Chandra est placé en orbite par la navette Columbia.

2000 Deux cosmonautes russes et un astronome américain deviennent les premiers occupants de la Station Spatiale Internationale.

2001 NEAR Shoemaker est la première sonde à se poser sur un astéroïde, Éros.

La station Mir brûle dans l'atmosphère en retombant sur Terre après avoir passé quinze ans dans l'espace.

La sonde Deep Space 1, de la NASA, vole avec succès jusqu'à la comète Borrelly.

2002 La sonde Mars Odyssey commence à cartographier la Planète rouge à la recherche de traces d'eau.

2003 La navette Columbia se brise et est détruite lors de son retour dans l'atmosphère, causant la mort de ses sept membres d'équipage.

2004 le président George W. Bush annonce l'intention des États-Unis d'envoyer à nouveau des astronautes sur la Lune vers 2020 et d'utiliser une base lunaire pour pousser plus loin l'exploration humaine du système solaire.

La sonde Stardust traverse la coma de la comète Wild-2 pour capturer des milliers de particules de poussière fraîchement libérées.

Les rovers Spirit et Opportunity se posent avec succès à la surface de Mars.

La sonde Cassini-Huygens se place en orbite autour de Saturne.

2005 La sonde Deep Impact doit heurter la comète 9P/Tempel 1.

2006 La mission Mars Reconnaissance Orbiter doit atteindre la Planète rouge.

2011 La sonde Messenger de la NASA doit se mettre en orbite autour de Mercure.

2012 Lancement prévu de la sonde BepiColombo de l'Agence Spatiale Européenne : elle emporte deux orbiteurs vers Mercure.

2014 La sonde Rosetta, de l'Agence Spatiale Européenne, doit rencontrer la comète 67P/Churyumov-Gerasimenko et y déposer une petite sonde.

LES SITES D'ALUNISSAGE

Plus de 55 vaisseaux ont atteint la Lune depuis 1959. Certains l'ont croisée, d'autres ont été mis en orbite et parfois sont revenus sur Terre. Ci-dessous, voici une sélection de 19 missions parmi les plus importantes qui se sont écrasées ou posées sur notre satellite jusqu'en 2004.

Carte

❶ LUNA 1 (URSS)

Date d'alunissage : 14 septembre 1959
Localisation : près du cratère Autolycus
Détails : première sonde à atteindre une autre planète, en... s'écrasant au sol !

❷ ET ❸ RANGER 7 ET 8 (ÉTATS-UNIS)

Date d'alunissage : 28 juillet 1964 et 20 février 1965
Localisation : près de la Mer des Nuées et de la Mer de la Tranquillité
Détails : avant de s'écraser, chaque sonde a retransmis des photos du sol lunaire.

❹ LUNA 9 (URSS)

Date d'alunissage : 3 février 1966
Localisation : côté ouest de l'Océan des Tempêtes
Détails : première sonde à se poser sans s'écraser sur une autre planète. Pendant 3 jours, Luna 9 a envoyé à la Terre des photos et des images TV.

❺ SURVEYOR 1 (ÉTATS-UNIS)

Date d'alunissage : 2 juin 1966
Localisation : région centrale de l'Océan des Tempêtes
Détails : première sonde américaine à se poser en douceur sur une autre planète. Le sol de la zone d'alunissage était couvert d'une couche de poussière épaisse d'environ 2 cm.

❻ LUNA 13 (URSS)

Date d'alunissage : 24 décembre 1966
Localisation : côté ouest de l'Océan des Tempêtes
Détails : tout en transmettant des images TV et des données, la sonde a mesuré la densité du sol lunaire et sa radioactivité.

❼ SURVEYOR 3 (ÉTATS-UNIS)

Date d'alunissage : 20 avril 1967
Localisation : côté est de l'Océan des Tempêtes
Détails : la sonde emportait pour la première fois un excavateur de surface permettant de recueillir des échantillons de sol qui étaient ensuite placés devant une caméra TV.

❽ ET ❾ SURVEYOR 5 ET 6 (ÉTATS-UNIS)

Date d'alunissage : 11 septembre et 10 novembre 1967
Localisation : Mer de la Tranquillité et Golfe Central
Détails : accomplirent une étude du sol et transmirent de nombreuses photos.

❿ APOLLO 11 (ÉTATS-UNIS)

Date d'alunissage : 20 juillet 1969
Localisation : côté ouest de la Mer de la Tranquillité
Astronautes: Neil Armstrong et «Buzz» Aldrin
Détails : première mission au cours de la laquelle des humains ont foulé la surface de la Lune. Durant leur séjour de 21,5 h, Armstrong et Aldrin ont parcouru environ 250 m, installé des expériences scientifiques, pris des photos et recueilli des échantillons lunaires.

⓫ APOLLO 12 (ÉTATS-UNIS)

Date d'alunissage : 19 novembre 1969
Localisation : côté est de l'Océan des Tempêtes
Astronautes: «Pete» Conrad et Alan Bean
Détails : pendant leur séjour de 31,5 h, Conrad et Bean ont effectué deux sorties pour installer des expériences scientifiques, examiner la sonde Surveyor 3 à proximité, prendre des photos et recueillir des échantillons.

⓬ LUNA 16 (URSS)

Date d'alunissage : 17 septembre 1970
Localisation : Mer de la Fécondité
Détails : a creusé pour prélever un échantillon en profondeur et le renvoyer sur Terre.

⓭ LUNA 17 (URSS)

Date d'alunissage : 17 novembre 1970
Localisation : Mer des Pluies
Détails : déposa le premier rover Lunokhod sur le sol lunaire. Lunokhod circula à la surface pendant 10 mois, prenant plus de 20 000 photographies.

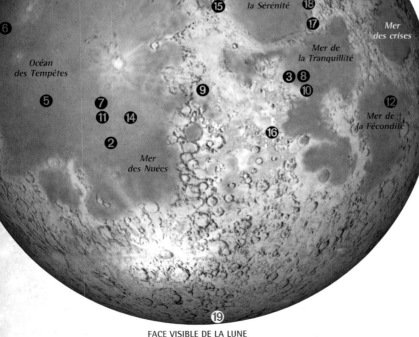

FACE VISIBLE DE LA LUNE

⑭ APOLLO 14 (ÉTATS-UNIS)

Date d'alunissage : 5 février 1971
Localisation : région de Fra Mauro
Astronautes: Alan Shepard et Edgar Mitchell
Détails : durant leur séjour lunaire de 33,5 h, les deux astronautes ont mis en œuvre des expériences scientifiques, collecté des roches lunaires et pris des photos. Shepard a même frappé deux balles de golf !

⑮ APOLLO 15 (ÉTATS-UNIS)

Date d'alunissage : 30 juillet 1971
Localisation : région élevée de Hadley Rille
Astronautes: David Scott et James Irwin
Détails : durant leur séjour de 67 heures, Scott et Irwin effectuèrent trois sorties d'exploration. C'était la première mission équipée du Lunar Roving Vehicle, véhicule motorisé utilisé pour l'exploration de zones situées jusqu'à 5 km du site d'alunissage.

⑯ APOLLO 16 (ÉTATS-UNIS)

Date d'alunissage : 20 avril 1972
Localisation : région élevée de Descartes
Astronautes: John Young et Charles Duke
Détails: durant leur séjour de 3 jours, Young et Duke effectuèrent trois sorties d'exploration. Ils ont parcouru 27 km à bord du Lunar Roving Vehicle, et collecté 95 kg de poussières et de roches, pris des photos et installé des expériences scientifiques.

⑰ APOLLO 17 (ÉTATS-UNIS)

Date d'alunissage : 11 décembre 1972
Localisation : région de Taurus-Littrow
Astronautes: Eugene Cernan et Harrison Schmitt
Détails : Schmitt, le premier scientifique sur la Lune, et Cernan effectuèrent trois sorties d'exploration pendant un total de 22 heures. Ils ont parcouru 30 km à bord du Lunar Roving Vehicle, et collecté 110,5 kg d'échantillons de poussières et de roches. Leur séjour lunaire a duré en tout 75 heures.

⑱ LUNA 21 (URSS)

Date d'alunissage : 15 janvier 1973
Localisation : Mer de la Sérénité
Détails : la sonde libéra le rover Lunokhod 2 qui a circulé à la surface pendant 4 mois.

⑲ LUNAR PROSPECTOR (ÉTATS-UNIS)

Date d'alunissage : 31 juillet 1999
Localisation : impact dans l'ombre d'un cratère à proximité du pôle sud de la Lune
Détails : les scientifiques escomptaient que l'impact suffise à vaporiser de la glace d'eau, dont la présence était possible dans une zone protégée du rayonnement solaire. Mais aucun panache de vapeur n'a été détecté.

LES SITES MARTIENS

Les dix vaisseaux ci-dessous sont les seuls à s'être posés – ou que l'on suppose s'être posés ! – sur Mars jusqu'en 2004. D'autres ont croisé au large ou se sont mis en orbite autour de la Planète rouge.

@ ▶▶
Carte

❶ MARS 2 (URSS)

Date : 27 novembre 1971
Localisation : Hellas Planitia
Détails : s'écrase sur le sol martien au cours d'une terrible tempête de sable.

❷ MARS 3 (URSS)

Date : 2 décembre 1971
Localisation : près de Terra Sirenum
Détails : après s'être posé en douceur, **fonctionna** seulement 20 secondes, peut-être à cause d'une tempête de sable. Transmit une seule image sombre et floue de la surface.

❸ MARS 6 (URSS)

Date : 12 mars 1974
Localisation : région de Margaritifer Sinus
Détails : le contact radio fut perdu juste avant que la sonde ne se pose.

❹ VIKING 1 (ÉTATS-UNIS)

Date : 20 juillet 1976
Localisation : Chryse Planitia
Détails: se posa en douceur et transmit des images de la surface, préleva des échantillons de sol et les analysa pour y rechercher des traces de vie. Viking 1 a aussi étudié l'atmosphère et la météo martienne et mis en œuvre le sismographe Marsquake. Les communications furent interrompues le 13 novembre 1982.

❺ VIKING 2 (ÉTATS-UNIS)

Date : 3 septembre 1976
Localisation : près de Utopia Planitia
Détails : très semblable à la mission Viking 1 mais sur un autre site. Les communications se sont interrompues prématurément le 11 avril 1980.

❻ MARS PATHFINDER (ÉTATS-UNIS)

Date : 4 juillet 1997
Localisation : Chryse Planitia
Détails : une fois au sol, la sonde Pathfinder libéra un petit rover (Sojourner), effectua des mesures sur les conditions en surface et envoya près de 10 000 images. Le rover a exploré la surface, analysant les roches et le sol, et transmis 550 images. Les communications furent interrompues le 27 septembre 1997.

❼ MARS POLAR LANDER (ÉTATS-UNIS)

Date : 3 décembre 1999
Localisation : près du pôle sud de Mars
Détails : le contact radio a été perdu avec la sonde au cours de la phase de descente.

❽ BEAGLE 2 (AGENCE SPATIALE EUROPÉENNE)

Date : 25 décembre 2003
Localisation : Isidis Planitia
Détails : déclaré perdu faute de parvenir à rétablir le contact radio après les manœuvres d'atterrissage.

❾ SPIRIT ROVER (ÉTATS-UNIS)

Date : 4 janvier 2004
Localisation : cratère Gusev
Détails : commença à explorer Mars après s'être posé en douceur. But principal de la mission : analyser les rochers et le sol à la recherche de traces d'activité aquatique sur Mars.

❿ OPPORTUNITY ROVER (ÉTATS-UNIS)

Date : 25 janvier 2004
Localisation : Meridiani Planum
Détails : but de la mission identique à celui du rover Spirit ; découvrit rapidement des preuves de la présence d'eau liquide à la surface de Mars.

HÉMISPHÈRE ORIENTAL DE MARS   HÉMISPHÈRE OCCIDENTAL DE MARS

BIOGRAPHIES

Ces biographies fournissent un aperçu de la vie de personnalités de la conquête spatiale parmi les plus de 400 astronautes qui sont allés dans l'espace depuis 1961, et les pionniers de la science et de la technologie du vol spatial.

Biographie

EDWIN «BUZZ» ALDRIN   *Né en 1930*

Connu sous le surnom de «Buzz», Edwin Aldrin a été le second à fouler le sol de la Lune. En tant que pilote du module lunaire d'Apollo 11, il a posé le pied sur la Lune 19 minutes après Neil Armstrong, le 21 juillet 1969. Né dans le New Jersey, Aldrin devint ingénieur puis pilote de l'US Air Force. Après des études complémentaires en astronautique, il fut sélectionné en 1963 pour l'entraînement d'astronaute. Avant son vol jusqu'à la Lune, il avait accompli une sortie extravéhiculaire de 2 h 30 – un record de durée – au cours de la mission Gemini 12. Aldrin, retraité de la NASA en 1971, devint l'un des avocats les plus déterminés de l'exploration spatiale, tant à travers ses écrits que par ses conférences.

NEIL ARMSTRONG   *Né en 1930*

Neil Armstrong est devenu célèbre en étant le premier homme à marcher sur la Lune le 21 juillet 1969 à 2 h 56 GMT, en tant que commandant de la mission Apollo 11. Né dans l'Ohio, Armstrong a suivi des cours de pilotage alors qu'il était adolescent et obtint son brevet de pilote avant d'être en âge de passer le permis de conduire ! Il étudia l'ingénierie aéronautique, devint pilote de chasse de la Navy, puis pilote d'essai pour la NASA. Armstrong effectua son premier vol spatial comme pilote de la mission Gemini 8 en 1966, trois ans avant le voyage historique jusqu'à la Lune. Un cratère lunaire proche du site d'alunissage d'Apollo 11 porte son nom. Retraité de la NASA en 1971, Armstrong a ensuite été professeur d'université avant de se lancer dans les affaires.

SERGEI AVDEYEV   *Né en 1956*

Le cosmonaute russe Sergei Avdeyev conserve le record du plus long temps passé dans l'espace, avec 748 jours accumulés au cours de trois séjours dans les années 1990. Né à Chapayevsk en Russie du Sud, Avdeyev obtint en 1979 le diplôme d'ingénieur physicien de l'Institut de Moscou. En 1987, il fut retenu pour le programme d'entraînement des cosmonautes. Ses trois vols à bord de la station spatiale Mir en tant qu'ingénieur de vol se déroulèrent en 1992-1993, 1995-1996, et 1998-1999. Les médecins aéronautiques ont étudié à de nombreuses reprises les conséquences de ses séjours prolongés dans l'espace sur sa physiologie.

EUGENE CERNAN   *Né en 1934*

Eugene Cernan est le dernier astronaute à avoir foulé la Lune. Il était le commandant de la mission Apollo 17 de 1972. Né à Chicago, Cernan obtint un diplôme d'ingénieur avant de devenir pilote de l'US Navy. La NASA le sélectionna comme astronaute en 1963. Son premier vol dans l'espace s'est déroulé en 1966 à bord de Gemini 9. Au cours de cette mission, Cernan devint le deuxième Américain à effectuer une sortie extravéhiculaire. En 1970, Cernan était le pilote du module lunaire d'Apollo 10, qui effectua l'aller-retour sans alunir. Durant la mission Apollo 17, Cernan et son compagnon Harrison Schmitt ont établi le record de la plus longue exploration de la surface de la Lune (plus de 22 heures) et ils ont rapporté de leur voyage le plus gros stock de roches lunaires (110,5 kg). Cernan a quitté la NASA en 1976 pour se lancer dans les affaires.

JEAN-LOUP CHRÉTIEN   *Né en 1938*

Jean-Loup Chrétien est le premier Français a avoir été dans l'espace et à avoir effectué une sortie extravéhiculaire. Pilote de chasse et ingénieur-pilote diplômé de l'École de l'Air de Salon-de-Provence, il supervisa le programme d'essais en vol du Mirage F-1 avant d'être sélectionné en 1980 dans le cadre d'une mission franco-soviétique. Il effectua son premier vol spatial à bord de Soyouz en juin 1982. Lors de son second vol, à bord de Soyouz, en novembre 1988, il rejoignit la station Mir dans laquelle il passa 22 jours. C'est au cours de cette mission qu'il effectua une sortie extravéhiculaire de 5 heures et 57 minutes. Il effectua un troisième vol en septembre 1997 à bord de la navette Atlantis, qui avait rendez-vous en orbite avec la station Mir.

EILEEN COLLINS   *Née en 1956*

L'astronaute de la NASA Eileen Collins fut la première femme à commander une mission de la Navette. Née dans l'État de New York, Collins détient plusieurs diplômes de sciences, mathématiques, économie et management. Avant d'être sélectionnée en 1990 pour l'entraînement des astronautes, elle fut pilote de l'US Air Force. Elle effectua trois vols à bord de la Navette en 1995, 1997 et 1999, le dernier en tant que commandant de bord. La mission de 1999 (appelée STS-93) eut pour objet le déploiement du télescope spatial Chandra X-Ray, conçu pour l'étude des phénomènes à haute énergie comme l'explosion des étoiles et les trous noirs.

MICHAEL COLLINS   *Né en 1930*

Michael Collins était l'un des trois astronautes de la mission Apollo 11 qui déposa les premiers humains sur la Lune en 1969. Collins était responsable du module Columbia, resté en orbite tandis que Neil Armstrong et Edwin «Buzz» Aldrin se posaient à la surface de notre satellite. Né à Rome, en Italie, Collins sortit de l'Académie militaire américaine en 1952, puis devint un pilote d'essai de l'US Air Force. En 1963, il fut sélectionné pour l'entraînement d'astronaute avant de faire son premier vol spatial en 1966 à bord de Gemini 10. Collins démissionna de la NASA un an après la mission Apollo. Il fut ensuite directeur de musée au Smithsonian Institution, à Washington DC, avant de s'engager dans les affaires.

CHARLES «PETE» CONRAD   *1930-1999*

Charles «Pete» Conrad a été le troisième astronaute américain à poser le pied sur la Lune, en tant que commandant de la mission Apollo 12, en 1969. Né à Philadelphie, Conrad était ingénieur en aéronautique et pilote de l'US Navy. En 1962, il fut sélectionné pour l'entraînement d'astronaute. Outre son vol jusqu'à la Lune à bord d'Apollo 12, Conrad a participé à deux missions Gemini (5 et 11) et commanda Skylab II, la première station spatiale américaine. En 1973, il quitta la NASA pour poursuivre une carrière d'homme d'affaires.

MICHAEL FOALE   *Né en 1957*

L'astronaute d'origine anglaise Michael Foale détient le record du plus long séjour dans l'espace d'un membre de la NASA. Fin avril 2004, il avait passé en tout 374 jours dans l'espace, incluant des vols à bord de la Navette, un séjour dans la station russe Mir et un commandement à bord de la Station Spatiale Internationale. Né dans le Lincolnshire, en Angleterre, Foale obtint une licence de physique en 1978 et un doctorat d'astrophysique en 1982 avant de s'installer à Houston, Texas, pour participer au programme spatial américain. Il fut sélectionné comme candidat astronaute en 1987. En 1997, il passa 145 jours à bord de Mir, échappant de peu à la mort lors de la collision avec un vaisseau-cargo durant un essai d'amarrage.

YOURI GAGARINE   *1934-1968*

Le cosmonaute russe Youri Gagarine a été en 1961 le premier homme dans l'espace, à bord de Vostok 1. Durant son unique vol de 108 minutes, il franchit une distance de 40 000 km. Né dans le village de Klushino, dans la région de Smolensk, Gagarine étudia dans un collège technique tout en apprenant à piloter. En 1957, il devient pilote des Forces Aériennes Soviétiques avant de rejoindre le Corps des Cosmonautes. Quatre ans plus tard, il fut sélectionné pour être le premier homme dans l'espace. Après son vol, Gagarine acquit une renommée internationale et devint une sorte de héros des temps modernes, recevant de nombreux honneurs comme de voir sa ville natale renommée à son nom. Il se tua en 1968 au cours d'un vol d'entraînement en préparant une autre mission dans l'espace.

JOHN GLENN   *Né en 1921*

John Glenn fut le premier Américain placé en orbite, à bord de la capsule Mercury 6. Il accomplit trois révolutions autour de la Terre en moins de cinq heures. Né dans l'Ohio, Glenn a servi dans le corps des Marines durant la Seconde Guerre mondiale et en Corée. En 1954, il commença à travailler comme pilote d'essai et en 1957, accomplit le premier vol supersonique sans escale entre Los Angeles et New York. En 1959, il fut sélectionné pour l'entraînement d'astronaute et devint pilote remplaçant des deux premières missions Mercury. Durant son vol à bord de Mercury 6, il devint le troisième Américain dans l'espace et le troisième homme en orbite. Ayant pris sa retraite en 1964, Glenn se lança dans la politique et fut élu sénateur de l'Ohio en 1974. En 1998, il devient le plus âgé des astronautes en mission en volant avec la Navette à 77 ans.

ROBERT GODDARD   *1882-1945*

L'ingénieur et physicien américain Robert Goddard lança en 1926 la première fusée à carburant liquide. Né dans le Massachusetts, Goddard fut très tôt fasciné par la perspective du voyage dans l'espace. Après son diplôme en physique, il décida de se consacrer au développement des fusées. En 1919, il publia sa théorie des fusées et, dans les années 1930, il lança sa première fusée stable. Le programme américain s'est développé à partir de son travail de pionnier, même si ses efforts ont été largement ignorés de son vivant. Le Goddard Space Flight Center de la NASA dans le Maryland porte son nom.

VIRGIL «GUS» GRISSOM   *1926-1967*

En juillet 1961, Virgil Grissom devint le deuxième Américain dans l'espace, à bord de la capsule Mercury 4. Quatre ans plus tard, son second vol dans l'espace à bord de Gemini 3 lui valut de devenir le premier homme à être retourné dans l'espace. Né dans l'Indiana, Grissom devint pilote de jet après son diplôme d'ingénieur mécanicien. Il fut sélectionné pour l'entraînement d'astronaute en 1959. Son vol à bord de Mercury 4 ne dura que 15 minutes. Après sa chute dans l'océan Atlantique, la capsule commença à couler et Grissom dut

s'en extraire à la nage. Il est mort en 1967 dans l'incendie d'Apollo 1.

MAE JEMISON   *Né en 1956*

Mae Jemison a été la première afro-américaine dans l'espace, à bord de la navette Endeavour en 1992. Née en Alabama, elle est diplômée en médecine et ingénieur chimiste. Elle était médecin à Los Angeles en 1987 lorsqu'elle fut sélectionnée pour l'entraînement d'astronaute. Elle démissionna de la NASA en 1993, peu après sa mission à bord de la Navette, pour fonder une organisation dédiée au progrès de l'exploration et des technologies spatiales, ainsi qu'à leurs utilisations.

SERGEI KOROLEV   *1906-1966*

L'ingénieur Sergei Korolev, né en Ukraine, a été le directeur du programme spatial de l'Union soviétique à ses débuts. Son nom évoque les grandes réalisations des premières décennies de l'âge spatial. Il fut le responsable des programmes Cosmos, Vostok et Soyouz. Il a joué un rôle clé dans le lancement du premier satellite, Spoutnik 1, dans le premier vol humain effectué par Youri Gagarine et dans la première sortie extravéhiculaire par Alexei Leonov.

ALEXEI LEONOV   *Né en 1934*

Alexei Leonov fut le premier homme à effectuer une sortie extravéhiculaire. Né en Sibérie, à Listvyanka, Leonov est un ancien pilote de jet. Il fut sélectionné pour l'entraînement de cosmonaute en 1960. Le 18 mars 1965, en orbite à bord de Voskhod 2 avec son compagnon, le Russe Pavel Belyayev, Leonov passa plus de 20 minutes hors de la capsule : une sortie plus longue que prévue, la pression excessive dans son scaphandre l'ayant empêché de regagner l'intérieur de la capsule. Leonov effectua un second vol dix ans plus tard, entrant à nouveau dans l'histoire lorsque son vaisseau Soyouz s'est amarré à la capsule américaine Apollo, pour la première rencontre dans l'espace des deux nations pionnières.

YANG LIWEI   *Né en 1965*

Yang Liwei, premier Chinois dans l'espace, s'est envolé en 2003 à bord de Shenzhou V. Né dans la province chinoise du Liaoning, Yang Liwei est devenu pilote de l'armée de l'air avant d'être sélectionné pour l'entraînement de cosmonaute en 1998. Le vaisseau Shenzhou était similaire aux Soyouz russes. Il a été lancé du centre spatial de Jiuquan le 15 octobre 2003. Le vol dura 21 heures. Le retour de la capsule s'est effectué dans les plaines du désert de Gobi, dans le centre de la Mongolie intérieure.

JIM LOVELL   *Né en 1928*

Jim Lovell est resté célèbre en tant que commandant du vol Apollo 13, marqué par le destin ! Le vaisseau fut gravement endommagé par l'explosion d'un réservoir d'oxygène au cours du voyage en direction de la Lune mais

l'équipage parvint à le ramener sur Terre. Lovell avait participé auparavant aux missions Gemini 7 et 12 et à la mission épique de 6 jours d'Apollo 8, première approche de la Lune par l'homme. Né dans l'Ohio, Lovell a été pilote d'essai dans l'US Navy pendant quatre ans avant d'être sélectionné en 1962 pour l'entraînement d'astronaute. Il prit sa retraite de la NASA et de la Marine en 1973. Le rôle de Lovell est tenu par Tom Hanks dans le film *Apollo 13*, d'après le livre de Lovell, *Lost Moon : The Perilous Voyage of Apollo 13*. Lovell lui-même y fait une brève apparition à la fin du film, jouant le rôle du capitaine du navire de récupération, l'*USS Iwo Jima*.

SHANNON LUCID   *Né en 1943*

L'astronaute américaine Shannon Lucid détient le record du plus long séjour d'une femme dans l'espace. En 1996, elle a vécu et travaillé 188 jours à bord de la station russe Mir. Shannon Lucid a passé au total 223 jours dans l'espace, à l'occasion de son séjour à bord de Mir et quatre missions dans la Navette. Née à Shanghai, en Chine, Shannon Lucid a grandi dans l'Oklahoma, puis passa plusieurs diplômes scientifiques. Elle a travaillé dans la biologie avant d'être sélectionnée pour l'entraînement d'astronaute en 1978.

HERMANN OBERTH   *1894-1989*

Hermann Oberth, scientifique d'origine roumaine, joua un rôle pionnier dans le développement des fusées spatiales. Ses travaux sur la propulsion et le guidage dans les années 1930 débouchèrent sur la conception du missile V-2. Dans les années 1950, Oberth travailla au programme spatial américain. Il contribua à affiner les lois gouvernant le vol des fusées modernes grâce à sa vision d'ensemble des liens entre la consommation de carburant, la vitesse des fusées, la portée et la durée du vol, ainsi que d'autres facteurs.

VALERI POLIAKOV   *Né en 1942*

Le docteur russe et ex-cosmonaute Valeri Poliakov détient le record du plus long séjour dans l'espace, à bord de la station Mir : 438 jours, du 8 janvier 1994 au 22 mars 1995. Il a également séjourné sur Mir pendant 241 jours en 1988-1989. Il a longtemps détenu le record du plus long séjour dans l'espace. Né à Tula, en Russie, Poliakov est devenu médecin en 1965 avant d'être sélectionné pour l'entraînement de cosmonaute en 1972. En relation avec ses vols de longue durée, Poliakov a participé à une expérience originale : avant chaque mission, on prélevait un peu de sa moelle osseuse afin de pouvoir la comparer avec un autre échantillon prélevé à son retour, après des mois passés en apesanteur. Poliakov a pris sa retraite en 1995 et travaille pour le ministère de la Santé à Moscou.

SALLY RIDE
Née en 1951

Sally Ride est devenue, en 1983, la première américaine dans l'espace à bord de la navette Challenger. Le vol de 6 jours fit aussi d'elle la troisième femme dans l'espace, après Valentina Tereshkova, en 1963, et Svetlana Savitskaya, en 1982. Née à Los Angeles, joueuse de tennis de niveau national durant son adolescence, physicienne, elle a répondu en 1977 à une annonce de la NASA pour devenir astronaute. Elle fit un second vol à bord de la Navette en 1984. Ride a contribué à rééquilibrer le rôle des femmes dans le programme spatial américain. En 1987, après avoir quitté la NASA, elle est devenue professeur de physique à l'Université de Californie.

HARRISON SCHMITT
Né en 1935

Harrison Schmitt est le seul scientifique (géologue de formation) à avoir mis le pied sur la Lune, en tant que pilote du module lunaire de la mission Apollo 17. Schmitt est né au Nouveau Mexique. Il a été sélectionné par la NASA comme scientifique-astronaute en 1965. Tout en s'entraînant au vol spatial, il enseignait aux autres membres de l'équipage Apollo les méthodes de prélèvement de roches lunaires. Il a, par la suite, pris part à l'analyse de ces échantillons. Schmitt a quitté la NASA en 1975 pour entrer en politique : il fut sénateur du Nouveau Mexique pendant six ans.

ALAN SHEPARD
1923-1998

Alan Shepard fut le premier Américain dans l'espace, à bord de la capsule Mercury 3, lancée le 5 mai 1961. Le vol de dura que 15 minutes et la capsule ne fut pas placée en orbite : Mercury retomba dans l'océan Atlantique à 488 km du pas de tir de Cap Canaveral, en Floride. Né dans le New Hampshire, Shepard obtint un diplôme en aéronautique en 1944 avant de devenir pilote d'essai dans l'US Navy. En 1959, il fut sélectionné pour ce vol au sein du premier groupe d'astronautes composé de sept hommes. Outre son vol à bord de Mercury, Shepard a été commandant de la mission Apollo 14, qui s'est posée sur la Lune en 1971. Sur la Lune, Shepard a frappé deux balles de golf. Après sa retraite de la NASA en 1974, Shepard s'est lancé dans les affaires.

VALENTINA TERESHKOVA
Né en 1937

Valentina Tereshkova fut la première femme dans l'espace. En juin 1963, elle effectua 48 révolutions autour de la Terre à bord de Vostok 6. Née près de Yaroslavl en Russie de l'Ouest, Tereshkova quitta l'école à 16 ans pour travailler dans une usine textile. Parachutiste amateur, elle fut sélectionnée en 1962 pour le programme spatial. Après son vol de 71 heures à bord de Vostok 6 et son retour au sol en parachute, elle fut déclarée Héros de l'Union soviétique. Dix-neuf ans s'écoulèrent avant qu'une autre femme ne soit à nouveau envoyée dans l'espace.

DENNIS TITO
Né en 1940

Dennis Tito est un multimillardaire américain qui est devenu en juin 2001 le premier touriste spatial, voyageant pendant huit jours à bord du vaisseau russe Soyouz TM-32 et dans la Station Spatiale Internationale. Durant ce vol, Tito a passé des heures à contempler la Terre et à prendre des photographies. Ce vol lui coûta la somme de 20 millions de dollars américains. Né à New York, Tito a passé des diplômes d'astronautique et d'aéronautique. Il travailla comme scientifique au Jet Propulsion Laboratory de la NASA avant de fonder une société d'investissements boursiers. Il a décrit son vol comme un «voyage au Paradis».

GHERMAN TITOV
1935-2000

Gherman Titov fut le deuxième cosmonaute après Youri Gagarine. Il a tourné autour de la Terre pendant 24 h les 6 et 7 août 1961, à bord du vaisseau soviétique Vostok 2. Contrairement à Gagarine, Titov fut autorisé à prendre le contrôle manuel de sa capsule durant le vol. Né dans la région d'Altaï, en Sibérie, il fut pilote diplômé des Forces de l'Air soviétiques avant d'être sélectionné pour l'entraînement de cosmonaute en 1960. Il n'avait pas 26 ans lors du lancement de Vostok 2 et reste le plus jeune cosmonaute à avoir été dans l'espace. Après ce vol, Titov travailla au programme spatial soviétique à différents postes de responsabilité, jusqu'à sa retraite en 1992. Il entra en politique en 1995.

KONSTANTIN TSIOLKOVSKY
1857-1935

Konstantin Tsiolkovsky fut l'un des pionniers Russes du vol spatial : il a posé les principes de la fusée, mais sans disposer des moyens technologiques pour l'expérimenter. Dès 1898, ses théories permettaient de calculer la consommation de carburant et le rapport entre vitesse et poussée du moteur. Il fut aussi le premier à proposer des carburants liquides et à calculer que des fusées à plusieurs étages seraient nécessaires pour échapper à la gravité terrestre. Il a même montré comment chaque étage pouvait être assujetti au précédent.

WERNHER VON BRAUN
1912-1977

Ingénieur allemand spécialiste des fusées, Wernher Von Braun dirigea le programme des fusées militaires durant la Seconde Guerre mondiale, en particulier les V-2. Il s'est rendu à l'armée américaine avec son équipe et a poursuivi sa carrière aux États-Unis, où il dirigea pour la NASA le développement des fusées à carburants liquides. Le personnage est très controversé en raison de l'usage des V-2 contre les villes en Angleterre, Belgique, France et aux Pays-Bas et parce que des milliers de prisonniers ont été contraints de travailler aux projets de missiles de Von Braun et y ont perdu la vie. Il a à son actif le lancement du premier satellite américain et la fusée Saturn V, utilisée pour les missions lunaires Apollo.

CARL WALZ
Né en 1955

Carl Walz est codétenteur du record du vol spatial le plus long réalisé par un astronaute américain. Durant la quatrième expédition de la Station Spatiale Internationale en 2001-2002, il passa, avec l'astronaute Daniel Bursch, de la NASA, près de 196 jours dans l'espace. Vétéran de quatre vols spatiaux (les trois autres dans la Navette), Walz est né dans l'Ohio et a reçu une formation de physicien. Sélectionné comme astronaute en 1990, il a passé en tout 231 jours dans l'espace.

EDWARD WHITE
1930-1967

Ed White est devenu célèbre en 1965 en devenant le premier Américain à effectuer une sortie extravéhiculaire, hors du vaisseau Gemini 4. White est resté dans l'espace durant 21 minutes, et il a été le premier à se déplacer de manière contrôlée à l'aide d'un canon à gaz comprimé. Lorsque les contrôleurs lui ont demandé de regagner le vaisseau, White a dit : «C'est le moment le plus triste de ma vie». Né au Texas, White a obtenu son diplôme d'ingénieur aéronautique en 1959 puis il est devenu pilote de l'US Air Force avant d'être sélectionné pour le programme d'entraînement d'astronaute en 1962. White est mort en 1967 avec Gus Grissom et Roger Chaffee, dans l'incendie d'Apollo 1.

JOHN YOUNG
Né en 1930

L'astronaute américain John Young a été le commandant de la mission lunaire Apollo 16 en 1972, du premier vol de la navette Spatiale en 1981, et d'un autre vol de la Navette en 1983. Il a aussi participé à deux missions Gemini (Gemini 3 et 10) dans les années 1960, et a effectué 31 orbites lunaires à bord d'Apollo 10, qui fit office de répétition générale avant le premier alunissage. Né en Californie, Young a obtenu son diplôme d'ingénieur aéronautique avant de devenir pilote d'essai de l'US Navy. En 1962, il fut sélectionné comme astronaute. Durant la mission Apollo 16 en 1972, Young et Charlie Duke ont recueilli environ 95 kg de roches lunaires et parcouru 27 km à bord du Rover au cours de trois explorations successives. John Young a continué à travailler pour la NASA et, en tant qu'astronaute actif, il demeure éligible pour commander de futurs vols de la Navette. Young a consacré plus de 15 000 heures d'entraînement astronautique, essentiellement en simulateur, en tant que membre d'équipage ou remplaçant de 11 missions spatiales.

GLOSSAIRE

Les termes en *italiques* sont des entrées du glossaire.

Antenne Dispositif permettant l'émission et la réception de signaux radio entre un vaisseau et une station au sol ou un autre vaisseau.

Année-lumière Distance parcourue par la lumière dans le *vide* en un an, soit environ 9 500 milliards de km.

Atmosphère Couche de gaz retenue par la *gravité* autour d'une planète ou d'un satellite.

Atterrisseur Partie d'une *sonde spatiale* conçue pour se poser sur une planète, un satellite, un astéroïde ou une comète.

Bouclier antimicrométéorites Blindage de protection externe destiné à réduire les dégâts provoqués par l'impact de petits objets se déplaçant à grande vitesse dans l'espace.

Bouclier thermique Revêtement externe protégeant un vaisseau de l'échauffement.

Champ magnétique Magnétisme engendré par une planète, une *étoile* ou une *galaxie*, s'étendant dans l'espace environnant.

Charge utile Charge emportée en *orbite*, par une fusée ou une navette, par exemple un *satellite* ou un instrument scientifique.

Chute libre État d'un objet en orbite ou se déplaçant dans l'espace sans subir d'accélération, par exemple un vaisseau dont les moteurs sont coupés.

Coiffe Protection aérodynamique protégeant la *charge* durant le lancement.

Cosmonaute Astronaute de l'ex-Union soviétique, devenue Fédération de Russie.

Dock Dispositif de liaison assurant l'amarrage de deux vaisseaux dans l'espace.

Étoile Boule de gaz massive et très chaude et lumineuse qui tire son énergie de réactions nucléaires.

Force Toute poussée ou rétropoussée modifiant la vitesse d'un vaisseau ou d'un corps céleste.

Fronde gravitationnelle Effet utilisé par une sonde qui tire parti de la *gravité* d'une planète pour modifier sa vitesse ou sa trajectoire.

Galaxie Regroupement de millions ou de milliards d'*étoiles*, de gaz et de poussières maintenus rassemblés par la *gravité*.

Gravité *Force* qui attire les objets et les maintient asssemblés. Elle est d'autant plus forte que la *masse* des objets est importante et qu'ils sont proches les uns des autres.

Guidage stellaire Une caméra reliée à un ordinateur assure le guidage ou l'orientation du vaisseau par référence à la position des *étoiles*.

Impesanteur Conditions dans lesquelles un astronaute, un *cosmonaute* ou le contenu d'un vaisseau en état de *chute libre* ne sont plus affectés par la *gravité*, ou pesanteur.

Ion Atome ou groupe d'atomes chargé électriquement par arrachement d'un électron.

Jet d'orientation Petite fusée de manœuvre modifiant l'orientation du vaisseau.

JPL Le Jet Propulsion Laboratory fait partie de la *NASA* et travaille sur les vols inhabités.

Lunaire Relatif à la Lune. Être en *orbite* lunaire signifie tourner autour de la Lune.

Magnétomètre Instrument utilisé pour détecter et étudier les *champs magnétiques* des planètes et autres *objets célestes*.

Masse La quantité de matière d'un objet. On l'exprime en kilos (dans le système MKSA).

Microgravité État de quasi-suppression du poids ou *impesanteur* d'un corps en *chute libre*.

Moteur ionique Méthode de propulsion basée sur l'éjection à grande vitesse d'*ions* accélérés par un champ électrique, lesquels poussent le vaisseau par réaction.

NASA National Aeronautics and Space Administration : c'est l'agence responsable du programme spatial civil américain.

Objet céleste Tout objet dans l'espace : planète, astéroïde, satellite, *étoile* ou *galaxie*.

Onde radio Forme invisble de *radiations électromagnetiques* utilisées dans la communication spatiale mais également émises par différents types d'*objets célestes*.

Orbite Trajectoire d'un objet tournant autour d'un autre sous l'influence de la *gravité*.

Orbite elliptique Une *orbite* en forme d'ellipse (un ovale).

Orbiteur Vaisseau destiné à se placer en *orbite* autour de la Terre ou d'un *objet céleste*.

Panneau solaire Ensemble d'éléments convertissant la lumière en électricité.

Passage Se dit lorsqu'une *sonde* passe à proximité d'une planète, lune, comète ou astéroïde, sans se poser ni se mettre en orbite.

Pile à combustible Dispositif producteur d'énergie électrique par la combinaison d'oxygène et d'hydrogène.

Poussée La *force* continue produite par un moteur-fusée à réaction.

Radar Instrument de détection de la position et de la vitesse d'un objet lointain grâce à un faisceau d'*ondes radio*, qui se réfléchissent sur l'objet et sont captées à leur retour.

Radiation électromagnétique Manifestation d'énergie qui circule dans le *vide* de l'espace.

Radiation infrarouge Forme de *radiation électromagnétique* invisible. La chaleur est véhiculée par des radiations infrarouges.

Radiation ultraviolette Forme de *radiation électromagnétique* invisible de plus courte longueur d'onde que la lumière bleue.

Radiotélescope Télescope détectant les *ondes radio* au lieu de la lumière visible.

Rayons X Forme de *radiation électromagnétique* invisible, émise par des *objets célestes* très chauds et énergétiques.

Réacteur nucléaire Source d'énergie utilisant la chaleur produite par des éléments radioactifs pour produire du courant électrique.

Rentrée Se dit d'un vaisseau qui pénètre dans l'*atmosphère* terrestre au terme de son voyage.

Rétrofusée Moteur-fusée destiné à freiner un vaisseau en émettant sa poussée dans le sens inverse du déplacement.

Rover Type particulier d'*atterrisseur* (ou sous-ensemble d'un *atterrisseur*), conçu pour se déplacer à la surface d'une planète ou d'un satellite en cours d'exploration, prendre des photos, effectuer des prélèvements et analyses.

Sas Chambre étanche dont la pression interne peut être modifiée. Les astronautes l'utilisent lors des transferts de l'atmosphère pressurisée du vaisseau au vide de l'espace.

Satellite Objet en *orbite* autour d'un autre objet plus massif : les planètes du *système solaire* sont les satellites du Soleil, la Lune le satellite de la Terre. Les satellites artificiels sont lancés en orbite pour l'observation, les communications ou la recherche scientifique.

Satellite environnemental *Satellite* artificiel conçu pour surveiller divers aspects de l'environnement, comme la météo, la mer.

Satellite de télécommunications *Satellite* artificiel assurant la transmission des signaux TV, radio ou téléphone entre deux sites.

Satellite de télémesure *Satellite* artificiel recueillant diverses informations sur la Terre grâce à des capteurs à distance.

Simulateur Machine recréant les conditions d'un vol spatial à des fins d'entraînement.

Sonde spatiale Vaisseau d'exploration du *système solaire* lancé depuis la Terre.

Sortie extravéhiculaire (EVA) Toute activité imposant la sortie d'un astronaute ou d'un *cosmonaute* à l'extérieur du vaisseau. Aussi appelé « marche dans l'espace ».

Spectre électromagnétique Gamme des différentes *radiations*, incluant les *ondes radio*, les *radiations infrarouges*, la lumière, les *radiations ultraviolettes*, les *rayons X* et gamma.

Suborbital Trajectoire d'un objet quittant l'*atmosphère* avant d'y revenir sans avoir parcouru une *orbite* entière.

Supernova Explosion cataclysmique d'une *étoile* géante à la fin de sa vie ; libère une quantité d'énergie phénoménale sous forme de lumière et de divers rayonnements et particules.

Système solaire Comprend les objets célestes tels que planètes, satellites, astéroïdes et comètes gravitant autour du Soleil.

Unité de manœuvre individuelle Bloc dorsal à réaction utilisé par des astronautes pour se déplacer lors de sorties dans l'espace.

Vent solaire Flux continu de particules chargées émises par le Soleil.

Vide Zone dépourvue de matière. L'espace est en grande partie vide ou quasi vide.

INDEX

REMERCIEMENTS

ERPI ne saurait être tenu pour responsable de la disponibilité ou du contenu de tout site Internet autre que le sien, ni de l'accès à tout matériel choquant, pernicieux ou inexact pouvant se trouver sur Internet. ERPI ne saurait être tenu pour responsable de tous dommages ou pertes causés par des virus contractés en consultant les sites Internet qu'il recommande. Les illustrations téléchargeables sur le site associé à ce livre sont la seule et unique propriété de Dorling Kindersley Ltd, et ne sauraient être reproduites, stockées ou diffusées à titre commercial ou lucratif, sous toute forme et par quelque moyen que ce soit, sans l'accord écrit préalable du propriétaire du copyright.

Crédits photographiques
L'éditeur voudrait remercier les personnes physiques et morales l'ayant aimablement autorisé à reproduire leurs photographies :

Abréviations :
t = tout en haut ; b = bas ; d = droite ; g = gauche ; c = centre ; h = haut ; e = extrême

1 NASA: c. **2** NASA: c. **3** NASA: c. **6–7** NASA. **7** NASA: cg. **8** Corbis: Roger Ressmeyer bc. DK Images: cg. Galaxy Picture Library: hg. **8** Science Photo Library: Californian Association for Research in Astronomy cd; **8–9** Science Photo Library: Detlev Van Ravanswaay c; Frank Zullo h. **9** NASA: cb, bc. Science Photo Library: Davis Ducros bd. **10** NASA: hc, cbg, hcg, hcd.

Science Photo Library: European Space Agency hg. **11** NASA: bd. Science Photo Library: David Ducros bg. **12** Corbis: Hulton-Deutsch Collection cd. NASA: bg. Novosti (London): hg. **13** Corbis: Bettmann cg. NASA: d. Novosti (London): hg. **14** European Space Agency: ced. **15** NASA: cb. **16** Corbis: Bettmann bcg. NASA: bg. Science Photo Library: David A. Hardy hg; Novosti ced. **17** Corbis: Bettmann cb. DK Images: Science Museum ced. Genesis Space Photo Library: ceg. NASA: hd. Science Photo Library: David A. Hardy bd. **18** Alamy Images: Carol Dixon bg. NASA: hg. **19** European Space Agency: hd, bd. **20** NASA: bg, bc, bd, bcg. Science Photo Library: Novosti Press Agency cg. **21** NASA: hg, hd, bd. **22** Science & Society Picture Library: bg. Smithsonian Institution: hd. **23** NASA: b. Science Photo Library: Novosti Photo Library hg, hc. **24** Corbis: bg. NASA: bd. Novosti (London): hg. Science Photo Library: NASA cdh; Novosti cd. **25** Corbis: Marc Garanger hd. Genesis Space Photo Library: NASA bd. NASA: hg, cd, bg. **26** Corbis: cdh; Bettmann hd. Novosti (London): cgb. Science Photo Library: Starsem bc. **27** NASA: hd, cd. Science Photo Library: NASA bd. **28** NASA: cd, g. **29** Corbis: Bettmann c. NASA: cdb, bg, h. **30** NASA: cg, c, bg. **30–31** Corbis: NASA. **31** NASA: hc, hd, c, cd, bc, bd. **32** Corbis: Bill Ingalls g. DK Images: NASA cd, bd. **33** Genesis Space Photo Library: bd. NASA: h. Reuters: bg, bcg, bcd. **34** NASA: cdb, bdh. Reuters: cd. Science Photo Library: David Campione g; NASA bd. **35** Courtesy of Lockheed Martin Aeronautics Company, Palmdale: bd. NASA: hd. **36–37** Corbis: image 10; Bettmann image 3; Roger Ressmeyer image 9. NASA: image 1, image 11, image 12, image 13, image 14, image 15, image 16, image 2, image 4, image 6, image 7, image

8, image 5. **37** NASA: d. **38** NASA: ceg. **40** Corbis: Bettmann cb; Roger Ressmeyer hd. NASA: bg. **41** NASA: c. Novosti (London): bd. **42** European Space Agency: bg. NASA: hg. **43** European Space Agency: ced. NASA: hd, bc. **44** Science Photo Library: bc; Andrew Syred cbg; Eye of Science bcd; GJLP bg. **44–45** NASA: h. **45** NASA: hd, bd. Science Photo Library: bg; Alfred Pasieka bd; Susumu Nishinaga bc. **46** NASA: hd, cgh, cgh, cdh, cd, bg, bd, bcg, bcd, chg, chd, ceg, ced. **47** NASA: hg, bg, ceg, d. **48** NASA: ceg, d. **49** NASA: hg, cdh, cdb, ced. **50** Corbis: Bettmann cg. NASA: bg. **50–51** Corbis: NASA. **51** NASA: hc, hd. **52** Corbis: Roger Ressmeyer cgb, cb, cbg. **52** NASA: hcd. Topfoto.co.uk: ceg. **52-53** NASA. **53** NASA: cgb, bcd. **54** NASA: bg, bd, ceg. **54–55** NASA. **55** European Space Agency: bd. NASA: cdh, bg. **56** NASA: ch, cg, bd. **56–57** NASA: h **57** NASA: hd, cd, bc, bd. **58** NASA: bg, bc, hcg. **58–59** NASA. **59** Associated Press: J R Hernandez cbd. NASA: hd, bd. **62** Alamy Images: CoverSpot hcd. European Space Agency: hg, cb, bg, chd. Nokia: hcg. **62–63** NASA. **63** Corbis: Reuters cd. Northrop Grumman Space Technology: hd. Science Photo Library: GE Astro Space hc, ced; NASA cg, cbg. **64** Corbis: Bettmann bd. **64** NASA: cgh, bg. **64–65** Corbis: Bettmann **65** NASA: hg, hd, cdh, cb, hcg, hcd. Science Photo Library: European Space Agency bd. **66** NASA: hg, ch, cb, bg, bd, bcg, chg, chd, cbg, cgb, cbd. **67** NASA: hg, hd, bg, bc, bd, chg, chgg, chd, chd, cbg, cgb, cbd, cdb, hcg, hcd. **68** NASA: cgh, cgb. **68–69** Science Photo Library: Detlev Van Ravenswaay. **69** Corbis: NASA bd. NASA: hc, hd, bd. Science Photo Library: NASA cd. **70** NASA: chg, chg, cbg, cbg. Science Photo Library: US Geological Survey ceg, hcd. **70–71** NASA. **71** NASA: hg, cd,

bd, bcg, bcd, chg, cbg, cbd. Science Photo Library: Chris Butler hd; Space Telescope Science Institute/NASA ced. **72** NASA: cdh, cd, cb. Science Photo Library: US Geological Survey ceg. **73** NASA: cgh, cdh, b, chg, chd. **74** DK Images: Natural History Museum cd. NASA: hc, cg cdb. Science Photo Library: David Nunuk bd; Detlev Van Ravenswaay bg; Francois Gohier bg; John Hopkins University Applied Physics Laboratory ch; Novosti Press Agency bd. **75** NASA: hd, cgb, cb, cdb. Science Photo Library: Roger Harris d. **76** Corbis: Gianni Dagli Orti cb. European Space Agency: cgb, bcg. **76** Galaxy Picture Library: cbd, ceg. **76–77** European Space Agency. **77** European Space Agency: ch, cdh, chd, cbd. **78** NASA: cgb, bg, bgh. National Space Centre, Leicester: bd. Science Photo Library: Detlev Van Ravenswaay hd. **78–79** NASA: b, c. **79** NASA: bg, bd, bcg, bcd, h. **82** NASA: chd. Science Photo Library: David Parker b. **82–83** Science Photo Library: David Parker. European Space Agency: chg. Galaxy Picture Library: chd. NASA: hg. Science Photo Library: David Parker bd. **84** European Space Agency: cgh, b, hcg. **84–85** NASA. **85** European Space Agency: cg, cdb, bc. Science Photo Library: Victor Habbick Visions hd. **86** NASA: g. **87** NASA: d.

Images de couverture
1er plat : Science Photo Library: NASA (ceg, cg), NASA (cd, ced), Science Photo Library: David Ducros (b) ; 4e plat : NASA.

Toutes les autres illustrations sont la propriété de © Dorling Kindersley.